开创

企业创新谋变的 10 个法则

十大企业家校长　著

机械工业出版社
CHINA MACHINE PRESS

企业经营者的开创精神在企业未来发展过程中起决定性作用。本书从10家企业各自开创未来的经营哲学与方法中提取宝贵的"开创基因",详细阐述了企业开创需要哪些原则和条件,以及企业经营者需要拥有怎样的开创精神。全方位地展现一家家毫不起眼的企业是如何一步一步成长为业界领头羊,以及中国企业家群体是如何艰苦奋斗,如何解决危机并运用适合企业的方法开创新局面的。激励那些一直在奋力前行的劳动者、奋斗者和创业者,鼓励他们活出自己的精彩人生。

图书在版编目(CIP)数据

开创:企业创新谋变的10个法则/十大企业家校长著. —北京:机械工业出版社,2023.7
ISBN 978-7-111-73293-8

Ⅰ.①开… Ⅱ.①十… Ⅲ.①企业创新-研究-中国 Ⅳ.①F279.23

中国国家版本馆CIP数据核字(2023)第101341号

机械工业出版社(北京市百万庄大街22号 邮政编码100037)
策划编辑:胡嘉兴　　　　　责任编辑:胡嘉兴
责任校对:张爱妮　王明欣　责任印制:单爱军
北京联兴盛业印刷股份有限公司印刷
2023年10月第1版第1次印刷
145mm×210mm·9.125印张·2插页·152千字
标准书号:ISBN 978-7-111-73293-8
定价:88.00元

电话服务	网络服务
客服电话:010-88361066	机 工 官 网:www.cmpbook.com
010-88379833	机 工 官 博:weibo.com/cmp1952
010-68326294	金 书 网:www.golden-book.com
封底无防伪标均为盗版	机工教育服务网:www.cmpedu.com

序 言

数字化战略：成就用户，提升用户价值

在信息技术和数字经济迅猛发展的背景下，企业需要主动把握和引领新一代信息技术的变革趋势，通过创新重构企业核心竞争力，以确保自己能在市场竞争中塑造新优势。因此，选择一条开创之路，是企业在数字经济时代浪潮中亟待寻觅的新方向。

在思考如何创新突围时，许多企业经营者都将目光锁定在数字化转型上。中国上市公司协会会长宋志平先生说过，企业数字化发展带来的优势巨大，数字化企业的成长是指数级的，所以企业要认真研究数字化对于企业的价值，抓住机遇并且全面进行数字化转型，这是必由之路、必经之路。然而，不少企业却又在数字化面前犯了难，因为摆在企业面前的首要问题是，企业数字化转型的核心到底是技术还是管理呢？

很多企业都误以为数字化转型的重点在技术，于是企业发展的路被越走越窄。我们不如用一个简单的比喻来分析一下：技术就像一把锋利的宝剑，企业则像一位剑客，要让宝剑最大化发挥其所向披靡的作用，就要看剑客驾驭宝剑的能力，如果剑客自身能力不足，那宝剑只是一块废铁而已。

所以，**企业数字化转型的关键在于数字化管理，推进企业数字化战略是一个自上而下的管理创新过程**，要在组织管理、业务体系、人员管理等方面实现全面数字化管理，以帮助企业高效、精准地抓住管理要点，极大地提升管理决策的科学性。可以说，**未来所有成功的企业都将是数字化企业**。

思创：逆水行舟，不进则退

行动教育是一家身处教育行业的上市企业，有很多被人熟知的标签，比如实效、独特的企业文化、独特的营销模式等。

尽管行动教育如今取得了不错的成绩，但我们也经历了时代带来的挑战，这些挑战可能也是现在很多企业正在经历的。让我们回到某些特殊的时刻。

2006 年,行动教育在上海创立。当时,我们的市场定位是企业家实效教育,主打产品是自主打造的"赢利模式"课程。由于该课程在企业家圈子里的口碑不错,行动教育很快就迎来了快速发展期。2006 年,我们的营收达到 5000 万元;2007 年,我们的营收实现了翻番,达到 1 亿元……

2012 年,市场环境发生了变化。一位来自同行业的强大竞争对手改变了自己的经营方式,将用户发展为代理商,并在行业内大打"价格战",这一市场竞争方式影响了行动教育的业绩。那年年底,我们突然发现,企业营收虽然能达到 2 亿元,但与去年同期相比几乎没有实现增长。

2013 年,我们的业绩变得越来越差,出现了企业发展历程中唯一一次亏损,这次亏损就像一面镜子一样,"照"出了企业存在的各种问题。

一是企业内部管理混乱。在企业创立之初,我们将大量股权分给了当时的总经理和两位副总经理,另外小部分股权用作授课导师的股权激励,这样的分配方式导致企业股权非常分散,也给企业的发展埋下了各种隐患。随着企业的业绩每况愈下,导致人心涣散,总经理和副总经理离开了行动教育并另起炉灶,还带走了大量的团队人员和优质用户,成为行动教育的竞争对手。彼时的行动教育面临着破产和清算的状况，为了保住企业，我们卖掉了自己的住房，溢价回购了其他三位大股东的股份。当时，企业面临严重亏损，连员工的工资都发不出来，为了维持企业的运营，我们自掏腰包弥补企业亏空，给员工发工资。可就在这时，用户和代理商却开始退款、退课，造成大量用户流失，企业人均效能十分低下，整个集团共有1600多名员工，但只创造2亿元的营收。

二是企业外部环境发生变化。彼时，企业的经营开始从产品时代走向用户时代，很多企业还不理解用户时代的商业逻辑。在用户时代，用户不再被动接收信息以及购买产品，而是用户需要什么，企业就按照用户的个性需求来生产什么，一切都是围绕用户需求做文章。商业环境发生了变化，如果企业还用以前的那套"打法"来"打仗"，肯定是打不赢的。

看着企业面临的内外部挑战，在2013年的年会上，我泣不成声，当时内心感慨万千：我们怎么会走到这一步？

企业经营者要做难而正确的事。当企业面对内忧外患时，我们开始深度思考：如何让公司转危为安，做正确的事，实现可持续发展？

是的，遭遇内忧外患的企业不只行动教育一家。不管是十年前，还是现在，许多企业不断出现经营问题。近两

序　言　李　践

数字化战略：成就用户，提升用户价值

年，网上频频出现"退市""裁员"等关键词。总结一下，都有一个共同特点：**没有找到正确的路，没有选择积极开创，而是死守过去的成功不放**。

在现实压力之下，我们开始谋求企业发展的出路。2013年，数字化进入了我们的视野。我们发现许多新商业、新势力在快速崛起，它们选择积极拥抱数字化，开启崭新的篇章。

以下是一些企业如何以新的方式利用数字化技术改变和颠覆行业的例子：

媒体正逐步启用拥有学习和处理自然语言能力的机器人记者，负责体育类新闻的撰写，大幅提升了部分新闻工作的出稿效率；

制造业将人工智能、3D打印等数字化技术和模式应用至各个环节，着手创建、管理定制的设备部件；

房地产企业对相关地产权益的记录、追踪和转移，正在区块链技术的帮助下为用户提供强大助力；

酒店业安排机器人在礼宾服务台迎宾，而这些存储着海量信息的机器人不仅可以为用户提供专业、贴心的基础入住服务，还能为用户提供有关当地餐饮、交通、旅游景点的建议；

餐厅使用智能点单系统供用户点单、评价；

开创：
企业创新谋变的 **10** 个法则

……

看到了吗？数字化一直存在于我们的生活中，而且在不断进步。只是我们没有发现它，没有使用它，更没有把它应用到企业管理中。

看透这一点的我们犹如抓住了一根救命稻草，马上做出决策：企业要做数字化，企业要用数字化开创未来。熬过了最艰难的一年，坚持以用户为中心的我们"重生"了。在培训行业一片衰败的情况下，行动教育每年以100%的速度逆势增长。而今天，回望当年那些叱咤行业的"风云人物"，早已经消失得无影无踪。我们用数字化不仅解决了企业管理混乱的问题，还提升了用户价值，实现了卓越的业绩。

开创数字化企业，从表面看起来是时代发展的偶然。实际上，它就是企业发展过程中的必然，是不得不做的"难而正确"的事。而先于同行发现这一必然，执行并推动它，就是行动教育的开创之举。

"企业为什么要进行数字化转型？"相信不少企业经营者都思考过这个问题，这也是在最开始时，我曾认真思考过的问题。但我们更应该换一种方式来问自己：如果企业不做数字化转变，我们会面临什么样的局面？我们会不会因为传统低效的管理方式和无法成就用户而被时代抛弃，最终出局?

逆水行舟，不进则退。"企业要不要用数字化开创企业的未来?"答案非常明显：**要做，而且是马上做**。种一棵树最好的时间是十年前，其次是现在。

解创：以终为始，成就用户

关于"什么是数字化"，各行各业没有统一的答案。我们觉得企业实现数字化很难，不理解数字化是很多企业（特别是中小企业）对数字化望而却步的重要原因。事实上，数字化很好理解。我们去饭馆吃饭，拿手机扫描二维码就能下单，这是数字化；我们上下班用钉钉 App 打卡，这也是数字化……**数字化应用到企业管理中，就是让企业经营者、管理者从语文思维转变为数学思维，从感性转变为理性，用数据来做决策、做管理、做流程、做产品、做服务。**

是的，数字化就是这么简单。我们不要把数字化想象成一种高科技，也不要认为企业进行数字化转型就是要找很多 IT（信息技术）人员开发系统。犹如我们使用其他管理工具一样，数字化就是我们成就用户、提升用户价值的工具。

结合实践，我认为数字化主要有三大特征。

特征一：数字化，让商业决策更精准。企业的数字化就是对企业里的各种行为进行记录与跟踪，将其转化成精确的可视化数据，让企业经营者可以精准地做出决策，让决策更科学。没有引入数字化时，大多数企业经营者是凭感觉、靠经验做决策的。当企业引入数字化以后，企业经营者可以根据数字化财务、数字化营销、数字化人力资源等进行精准决策，比如该做什么产品，不该做什么产品；什么用户要吸引，什么用户不该吸引；该招什么样的人，不该招什么样的人……

特征二：数字化，让企业管理更高效。数字化企业是通过数字化软件实现企业的业务在线、组织在线。企业管理模式从手工模式转变为在线自动化模式，使企业的业务流与数据流实现同步和共生，推动以用户为中心的全线业务从线下走向线上，通过数字化打通线下和线上，实现组织的24小时在线服务。数字化企业的信息化、在线化、共享化、智能化等可以提高企业的经营效率，使内部协同更加流畅，沟通更加简单高效。

特征三：数字化，让用户体验更智能。企业智能是建立在大数据和人工智能基础上的运营全面智能化，是企业具备"共享""在线"特征之后的延伸，是企业数字化的高阶目标。企业在智能上的应用，是人工智能、机器学习、视觉感知等新技术对于业务流程进行少人化、智能化的替代，实现技术与业务场景深度融合，为企业在效率提升、成本降低、作业安全、用户服务满意方面创造价值。

综上所述，具备决策精准化、管理高效化、体验智能化的三大关键特征的企业就可以被称为数字化企业。企业经营者一定要认清一个本质：**企业不是为了数字化而做数字化，企业做数字化的目的是成就用户**。所以，企业在做数字化时，要以终为始，从用户角度出发，从最关键的需求出发，避免本末倒置。

数字化不难，没有哪一个企业的数字化转型是企业家、创始人亲自去研发数字化技术、开发程序的，企业做数字化的核心永远是成就用户，提升用户价值。

作为企业经营者、管理者，我们要从管理的维度去理解数字化，不必学习太多的技术。学太多，会把自己绕进去，认为数字化很难。

创造："数字化飞轮"模型

企业如何开创数字化？这是我们接下来要思考的问题，

也是企业选择开创后，扎实迈出的第一步。

企业实施数字化是一件很复杂的事情，要把一件复杂的事情简单化并不容易。行动教育的治学理念是"大道至简，行胜于言"。我们在反复思考一个问题：有没有一套简单实用、能够举一反三的模型可以用来指导企业的数字化转型？

很多企业在引入数字化时，看了很多书，找了行业内知名的IT领域专家，花费了大量的人力、物力和财力，结果企业的数字化做得一塌糊涂，导致错过转瞬即逝的发展机会。为什么会出现这样的情况呢？究其根本，因为我们做数字化的起心动念是错的。企业为什么要做数字化，是为了利润增长还是为了实现企业的可持续发展呢？

诚然，做企业追求利润没有错，企业只有赚了钱，才能存活下来。但企业只想赚钱，就不会是好的企业，也做不长久。事实上，企业为什么要做数字化与为什么做企业两个问题有共通之处。如果一个企业经营者只想成为腰缠万贯的商人，那么他所领导的企业最后可能会成为一家利润至上的企业。用稻盛和夫的话来说，就是**"公司的规模超不过经营者的器量"**。

在心、道、德、事四部曲中，**心是道的源泉，道是德的根本，德是事的根源**。心是一切的源泉。心体现在起心

序 言　李 践
数字化战略：成就用户，提升用户价值

动念上，起心动念决定了我们的意识、语言和行动，意识、语言和行动决定了我们做哪些事。

所以，我们在做数字化的起心动念上要以成就用户为中心，时时刻刻想着成就用户，提升用户价值。试想一下，如果我们自己是用户，当我们面对在起心动念上想对我们好的服务者或企业时，我们会拒绝吗？

企业做数字化不是指企业想成为谁，而是时刻想着用户想成为谁，企业开创之举的本心也是如此。回想当初，我们在思考做数字化的终点时，尽管当时企业已经处于十分艰难的状况，但我们还是把做数字化的终点放在成就用户上。

从 2013 年开始，我们在以成就用户为起心动念的驱动下吹响了数字化转型的号角，开创了企业的数字化转型之路，牢牢握住了那线生机。在数字化建设上，我们奉行"中庸之道"，对于有关数字化的道与术，取长补短，结合企业实际情况进行优化；在管理哲学上，我们坚持以终为始，经过近十年的持续实践，成功完成了一系列管理变革、业务流程重塑和数字化转型工作，卓有成效地提升了用户价值，成就了用户，同时提升了企业的管理优势，全面搭建了助力企业有效增长的发展格局，走出了行动教育自己的开创之路。**成就用户是"因"，产生的"果"是成就自**

己。埋头种因,终得佳果。

另外,结合自身的经营实践,我们总结出企业做数字化的模型——数字化飞轮模型,如图0-1所示。

图0-1 数字化飞轮模型

为了总结出数字化飞轮模型,我们和企业高管、中层管理者、各业务线员工进行了大量的沟通、分析,过程中有争辩,也有严谨的思考。哪一个"轮子"是企业必需的?企业必须首先转动哪个"轮子"?数字化飞轮如何完成自循环?企业是否能够明白各个"轮子"的运行关键……渐渐地,整个数字化飞轮模型愈发清晰,这个过程给我们的感觉就像下棋一样,在最后落子的那一刻,神清气爽。在构建出数字化飞轮模型后,我们着实兴奋了一阵子,正如我们当初发现行动教育可以通过实效教育帮助1000万名企业

序言 李践

数字化战略：成就用户，提升用户价值

家成功改变世界一样兴奋。

下面，让我们一起关注数字化飞轮模型转动的逻辑，这将是企业开创数字化的思维逻辑和方法论。数字化飞轮模型的四个"轮子"分别是战略飞轮、组织飞轮、流程飞轮、迭代飞轮。

企业要转动的第一个"轮子"是战略飞轮。数字化战略是企业做数字化的方向，运用数字化飞轮模型最难的点是启动，企业要避免刚开始做数字化时乱碰乱撞，思考数字化一定要上升到战略高度，要围绕一个伟大的用户愿景，并且把这个愿景从上到下贯彻到企业全员。将数字化转型从领导想做、个别部门要做，变成企业必须做、大家一起做的共同战略。**战略飞轮解决的是"企业为什么要成就用户"的问题**。

企业要转动的第二个"轮子"是组织飞轮。有了战略，企业要搭建用户型组织，做到人、财、物、销的匹配，**解决"谁来成就用户"的问题**。如果企业空有正确的数字化战略，却没有与之相匹配的组织能力，最后的结果只能是"赔了夫人又折兵"。企业经营者要通过数字化战略进行组织变革，统一组织的思想，通过组织让数字化飞轮有执行者。任何一家数字化企业的成功，一定是源于组织的成功。

企业要转动的第三个"轮子"是流程飞轮。成功转动战略飞轮、组织飞轮，我们就有了数字化战略和数字化组织，接下来就要将战略落地了，要落在哪里？落在流程上，通过流程将数字化的具体动作落地。**流程飞轮解决了"如何成就用户"的问题。**

企业要转动的第四个"轮子"是迭代飞轮。当企业转动前面三个"轮子"让企业实现数字化后，是否意味着企业就可以高枕无忧了？当然不是。企业的每一次变革、转型比拼的是自我迭代的速度，企业开创数字化是一个渐进式、螺旋式上升的过程，需要不断迭代，这样才能不断提升用户价值，不断成就用户。同时，由于新技术也在不断发展，今天处于数字化领先位置的企业，明天也可能衰落，数字化企业需要持续迭代和优化升级。**迭代飞轮解决了"怎样持续成就用户"的问题。**

企业要以成就用户为中心转动整个数字化飞轮。我们都知道，轮子要绕着中心轴转动，运用数字化飞轮模型也是如此。企业做数字化是为了成就用户，以终为始，所以数字化飞轮模型的中心就是成就用户，企业的战略、组织、流程都要以用户为中心。任何脱离以用户为中心的数字化，都不会成功，即使成功了，也不会长久。

以上就是行动教育开创数字化的道与术，拥有开创精神，通过数字化战略，使企业走出了发展瓶颈，迈向了高质量发展的道路。2021年4月21日，行动教育在上海证券交易所上市。

永创：开创不是一次，而是一生一世

在经营行动教育的这些年里，我们和众多中小企业经营者进行沟通，他们提出了很多有关企业经营的问题，包括如何做好企业战略人才的"招、育、用、留"，如何应对市场竞争，如何做好产品的营销，如何建设全体员工认可的企业文化等。具体的问题成千上万，不过绝大多数问题可以归结为一句话：中小企业如何才能做到开创？

今天，企业经营者所有的成就都源自于一种伟大的开创精神。开创不是一次性的，而是贯穿于企业的整个生命周期的。因此，企业必须找到开创的途径，持续开创，不断推陈出新，不断迭代升级，不断进取上升，永远走在开创的路上。

书中所介绍的10家企业，有的是行业的隐形冠军，比如一家以制作筷子起家的双枪企业，如今该企业的筷子年销售数量超过4亿双，已经成为A股市场的"筷子第一股"。在26年的时间里，双枪企业持续增长，一路做到了行业龙头的位置。双枪企业之所以能成为餐具细分领域的隐形冠军，是诸多经营思想与方法综合作用的结果，其创始人郑承烈先生在书中分享了双枪企业的人力资源管理经验，他认为：企以才强，业以才兴，政以才治，国以才立。

书里还会介绍其他企业，它们是创新、营销、战略、竞争等方面的典范。

身处银饰行业的梦祥品牌通过开创聚焦战略、集中资源等方法，解决了企业无利润的问题，其董事长李杰石先生认为：经营企业的本质不是做多，而是做少。

身处餐饮行业的刘一手火锅通过开创管理理念，拥有了一套自己的管理模式——经营企业的"梅花宝典"。经过22年的可持续经营，刘一手火锅在全世界已经开了1500多家店，在海外成立了四家分公司，火锅店遍布美国、加拿大、法国、西班牙等15个国家。其创始人刘梅女士最大的体悟是：火锅是"熬"出来的，人生是"熬"出来的，伟大也是"熬"出来的。

身处婴童用品行业的妈咪宝通过开创三大经营哲学——利他经营、心本经营、共生经营，已将妈咪宝发展成集婴童用品的研发、制造、销售为一体的外向型企业，旗下拥有妈咪宝、帛琦、格云三大系列品牌。其董事长兼

序　言　李　践

数字化战略：成就用户，提升用户价值

总裁叶伟德先生表示，企业的规模、品格超越不了领导人的器量，要想实现人生幸福、基业长青，最根本的就是提升心性、磨砺人格，除此之外，别无他法。

身处家居行业的北京城外诚通过开创差异化竞争，将规模优势发挥到极致；集中资源单店突破，通过爆破营销屡次创造行业销售纪录；打破常规，跳出区域，实现了跨区域引流，尽享雄安新区百亿元商机，从而一举扭转危局，成功突围。其总经理刘洋先生说："开创始于勇气，即勇者无畏；差异化赋予智慧，即智者无疆。"

家族企业邦凯控股的"创二代"阮凯洁通过传承与变革，将企业扭亏为盈，将净利润从2015年亏损2600万元，提升到2020年盈利6000万元，使邦凯控股迎来了"发展的第二春"。

身处农资行业的豫之星通过开创大单品战略，重新定义了国产农药，开启了国产农业增产药的新时代。用一年半的时间，他们打造了行业的第一个大单品，实现了"一品定天下"。其创始人李国建先生说："品牌从大单品战略开始，打造、培育和做大大单品是品牌创建的核心。品牌创建的过程，就是创建大单品的过程。"

身处便利店行业的有家便利通过开创会员精准营销策略，用4年的时间从1座城1家店，发展到了6座城950多家店，在"2021年中国便利店TOP百强排行榜"中排名第25位，成为存量时代新便利经济的开拓者。其总裁张磊先生说："企业要以终为始，提升用户的终身价值。"

身处招投标行业的四川国际招标（简称"川招"）通过开创企业文化，形成了具有我国特色和社会价值的川招文化管理体系——"2651"。依靠"2651"文化管理体系，川招在11年的时间里，不仅提升了企业软实力，打造了一支以德为本的正能量组织，还使整个企业经营发展保持和谐稳定。2020年，川招实现了130亿元的销售额。其董事、总经理张帆先生说："人类因梦想而伟大，企业因文化而繁荣和基业长青。没有文化指引的企业犹如无源之水，终将因见不到大海而干涸在山野之间。"

谈到开创的时候，企业经营者的开创精神是决定一切的因素。因此，本书要讲的是10位企业经营者的开创精神，以及他们如何开创企业的成功经历。看到这里，可能有些读者会表示怀疑，企业如何开创的话题恐怕太宏观、太复杂了，用一本书能讲清楚吗？是的，如何开创是宏观的、复杂的话题，一本书难以讲清楚。通过本书，我们最想向读者介绍的是企业开创需要哪些原则和条件，书中介绍的这10家企业各自开创的经营哲学与方法可以为开创这一话题提供宝贵的"开创基因"。

身处变化的时代,企业面临的最大危机不是变化本身,而是采用昨天的逻辑去应对变化。期待每一家企业都能以史为鉴,开创未来,埋头苦干,勇毅前行,在新时代新征程上赢得更加伟大的胜利和荣光。

——李 践

目 录

李　践

序言
数字化战略：成就用户，提升用户价值

郑承烈

第一章
极致的人力资源管理理念：做企业要先人后事

招人：宁愿用年薪 20 万元的员工，也不会用年薪 10 万元的员工 ... 005

育人：只有不适合的岗位，没有不合适的人才 ... 019

激活人：去除 KPI，大船变舰队，人人当老板 ... 028

汤向阳

第二章
营销创新：开创沉浸式互动体验

营销"四部曲"：为用户创造全域体验　...046
数字化赋能：一物一码　...057
组织保障：李渡你学不会　...061

李杰石

第三章
聚焦战略：经营的本质不是做多，而是做少

聚焦大用户：20%的用户创造80%的利润　...071
聚焦尖刀产品：从"挖沟"到"钻井"　...077
聚焦品牌：从品质第一走向品牌第一　...086

刘　梅

第四章
管理创新：餐饮企业经营的"梅花宝典"

"五颗心"：开创火锅品牌的底层逻辑　...094
人才体系：让员工成为企业的主人　...105
数字化餐饮：提升用户价值并降本增效　...111

叶伟德

第五章
经营哲学：不确定时代下的企业经营之道

利他经营：敬天爱人，践行良知 ... 126

心本经营：物质与精神双丰收，事业与生命双成长 ... 132

共生经营：立大志，发宏愿 ... 139

刘 洋

第六章
差异化竞争：传统企业突围新路径

反着来：用规模战连锁 ... 154

集中打：用爆破战传统 ... 160

跳出去：用做蛋糕代替抢蛋糕 ... 165

阮凯洁

第七章
传承与变革："创二代"在传承中创新发展

寻使命：一生一事，一战到底 ... 176

头拱地：绩效飞轮，一招制胜 ... 185

李国建

第八章
大单品战略：一品定天下

选单品：能生根、潜力大、有激情 ... 196
做聚焦：以十倍力量，做一件产品 ... 200
占心智：建立产品差异化定位 ... 203
抢第一：竞争的格局，最后取决于谁是第一 ... 208

张　磊

第九章
会员精准营销：提升用户终身价值

择高而立：做中国便利店第一品牌 ... 219
创新经营：数字化实现逆势增长 ... 226
"四部曲"：会员精准营销的逻辑 ... 232

张　帆

第十章
文化治企：文化开创的"2651"

"2"：两棵树两种心态 ... 249
"6"："六度六省" ... 252
"5"："生命五瓣花" ... 256
"1"："一颗种子" ... 262

很多人在谈及商业案例的时候，谈得更多的是互联网行业、汽车行业、房地产行业……少有人谈起重度垂直行业的商业案例，但往往就在某个"蚂蚁品类"（如利润极低的纽扣、吸管等）中，企业专注于生产自己的产品，做精、做优、做特、做专、做新，在不经意间惊艳了每一个人，成为本行业的"隐形冠军"。本章要介绍的双枪企业，将筷子这个看似没有什么技术含量和利润空间的"小生意"做成了"大买卖"。

1995年7月15日，与大多数创业者一样，抱着改变生活、改变行业的想法，我成立了双枪企业（简称"双枪"）。2021年8月5日，双枪在深圳证券交易所主板上市，成为"筷子第一股"，如图1-1所示。"黄尘清水三山下，更变千年如走马"，26年的时间，双枪持续成长、持续增长，一路做到了行业龙头的位置。如今，我国每年有 4 亿多双筷子产自双枪，每年有 1000 多万片砧板、70 多亿根牙签产自双枪，双枪在我国连锁超市的平均占有率达到 50% 以上……双枪成为名副其实的"隐形冠军"。

图 1-1　双枪在深圳证券交易所主板上市

清华大学经济管理学院会计系博士生导师贾宁老师在得到开设的"财务思维课"里公布了一组数据：在美国上市公司中，有 48% 的企业能保持 1 年的增长，只有 23% 的企业能保持 3 年连续增长，能保持 10 年以上连续增长的企业只有 0.9%。而双枪做到了 26 年持续盈利、复合增长始终在 20% 左右。即便受到疫情的影响，双枪在 2020 年、2021 年也保持了 15% 以上的增长速度，这是非常不容易的。

成为"隐形冠军"是一条艰苦漫长之路，是对企业各种经营能力的考验。让我们感到自豪的是，双枪在经营上没有明显短板，无论是在规模、品牌、渠道，还是在产品、技术、研发，抑或人才、管理、文化上，都在行业内遥遥领先。在双枪的文化里，我们追求第一，对待任何事情，要么不做，要做就做到极致、做到第一。

很多媒体、学者、企业都在研究双枪成长为"隐形冠军"的管理思想和方法，希望从中能够得到一些借鉴，帮助企业经营再上一个台阶。事实上，在双枪创立之初，我和双枪一直是低调的人和低调的企业。我们甘为人梯，执着于打造产品，常常不为外界所关注。直到最近几年，通过不断学习，我越发意识到一位企业家和一个企业的社会责任，我们在发展企业的同时，还要向社会传递正能量，让更多的中小企业能够在通往隐形冠军的道路上少走弯路，真正迈入高质量发展时代。

我们之所以能成为餐具细分领域的"隐形冠军"，是诸多经营思想与方法综合作用的结果，在这里，我想分享给大家的是双枪极致的人力资源管理理念。之所以分享这个理念，原因有两点。

一是**企以才强，业以才兴，政以才治，国以才立**。企业之间的竞争是产品、创新、服务、技术、品牌等方面的综合竞争，而这一切要靠人去创造，归根结底是人才的竞争。人才是企业的核心资源，人才战略是企业第一战略。

二是**做企业要先人后事，而不是先事后人**。一定要找到合适的人才再去做事，如果没有合适的人才，再好的业务也可不做，做了也难有建树，甚至以失败告终。

招人：宁愿用年薪20万元的员工，也不会用年薪10万元的员工

人力资源管理的源头是招人，中小企业如何才能招到合适的人才是成为"隐形冠军"的头等大事。关于如何招人，双枪的招才选将法与李践老师在《将才》一书中分享的北斗七星模型有异曲同工之妙，如图1-2所示。

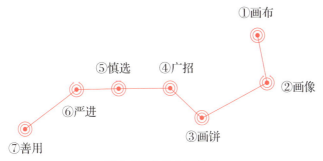

图1-2 北斗七星模型

在北斗七星模型中，最难做的是"画像"，其次是"画饼"和"广招"。下面，我就重点分享一下双枪是如何做这三项工作的。

一、"画像":企业需要什么样的人才

企业在招选人才的过程中,或许曾遇到过这些问题:

面试时,不知道该如何评判人才;

人找到了,却不是自己想要的人才;

招进来的人有"才",却无"德";

……

导致这些问题出现的根本原因在于企业没有建立统一的招人标准,缺少清晰的选人法则。如何解决呢?最简单、有效的方法就是建立人才画像,即在招聘前,先构建清晰的人才胜任力模型。通俗地说,企业要把人才的特征,像画家画人物像一样准确、细致地描述出来,描述到什么程度呢?企业需要的这个人即使被放在万千求职者中,我们也能一眼发现他、找到他。

李践老师在《将才》一书里分享了人才画像的胜任力模型,用简单的三个字来概括就是:德、才、岗。其中,"德"是价值观,"才"是必备能力,"岗"是高绩效。这是所有企业招人的基准线。对比现实情况,中小企业是在10个人里挑选一个人才,还是100个、10000个人里挑选一个人才呢?大多数时候,供中小企业选择的人才不多,所以企业会退而求其次,不断地调整自己的人才画像。

基于此,我们提炼出了双枪的人才画像模型——刺猬法则。什么是刺猬法则?刺猬法则就是用自己身上的刺,应对所有的敌人,应用到人才画像上面有"三大招",如图1-3所示。

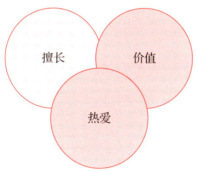

图1-3 双枪招才选将的刺猬法则

在刺猬法则里,**第一个标准是擅长,即人才最擅长什么**,这是双枪挑选人才的基本标准,是人才的必备能力。这里的必备能力不仅是指应聘者能胜任岗位的专业能力、特长优势,还包括他本身的天赋和潜力。这些要素也是我们判断一个人是否适合应聘岗位的关键。**第二个标准是价值,即人才做什么最有价值**,这是双枪的绩效标准,比如这个岗位达成的效果是什么,对应的考核指标是什么等。

第三个标准是热爱，即人才如何做才能够持续地拥有激情，这是双枪人才画像里最重要的标准。大多数企业在做人才画像时，可以把人才的必备能力标准、价值标准设定得非常清晰，但唯独缺乏对该岗位设定出热爱的标准。

通过观察，我发现大多数企业的人才画像标准都是要找到品行好、能力强的人，试想一下，世界上成功的企业家一定是企业里能力最强、品行最好的人吗？不一定。但他们为什么会成功呢？他们之所以能够成功，是因为相比其他人，企业家是最热爱企业的人。绝大多数企业家都把企业视为自己的孩子，这个世界上还有比父母更爱孩子的人吗？

所以，**企业在挑选人才时要用"老板思维"招才选将，招人的核心标准就是热爱**。热爱岗位工作的人，大多是自燃型人才，这样的人才往往持有正确的目标，不需要我们在后面"点火"，他就能够自我驱动。举个例子，我之所以到行动教育学习，没有落下一堂课，没有迟到，也没有早退，每一个老师的课程我都认真地预习、学习、复习、分享，原因在于我对学习的热爱，热爱是学习最大的动力。

看到这里，可能会有企业经营者或管理者提出质疑：我们在挑选人才的时候，如何知道谁会从心底里热爱他从事的工作呢？

其实并不难。我亲自到校园进行招聘已经有 13 年的时间，参与每年的校园宣讲会不少于 8 场。在我宣讲的时候，那些进进出出、接打电话、交头接耳、心神不宁、左盼右顾的人肯定不是热爱这份工作的人。再则，在面试时，通过对一些问题的设计和观察，我们就能看到一个人对于工作的热爱程度。要知道，一个人若爱一份工作或一个岗位，眼睛里是会有光的。

双枪之所以能够成为"隐形冠军"，不是一朝一夕的事。在企业创立之初，为了打造志同道合的高管团队，我煞费苦心。双枪现在一共有 10 个总经理，其中有 7 个人是从学校毕业后就直接应聘到双枪工作，另外有 3 个人在 21 岁、22 岁的年纪进入企业。双枪核心高管团队的平均入职年龄是 22 岁，但我们是一个拥有 26 年发展历程的企业。奇怪的是，就是这样一群人最后带领双枪一步步走向成功。

这一切都是因为我找对了人，我们宁愿用"年薪 20 万元的员工"，也绝对不会用"年薪 10 万元的员工"。因为真正高薪的员工是免费的，他可以带给企业难以想象的价值。为了找到这样的人才，我一年会花半个月的时间在各大高校做宣讲并招聘人才。我坚定地认为，**企业应该提高**

入职门槛，而不是降低薪资标准。

什么样的人才是"年薪 20 万元的员工"？答案就是人才要符合刺猬法则里人才画像的三大标准。这种找人标准，是经过双枪检验过的，并且被证明行之有效。

二、"画饼"：企业能给人才什么

我所理解的"画饼"与李践老师在《将才》一书里所解读的有些许出入。我认为，**对于中小企业来说，给一个前来面试的人讲梦想、企业文化等意义并不大**。双枪在招人时，会向面试者说我们能给什么，也就是企业的薪酬福利是什么。这就是我理解的"画饼"。

我们在招聘时，一般会"画六个饼"。

第一个"饼"是企业会免费提供一日三顿的丰盛自助餐，餐饮企业海底捞的高管都曾到双枪的食堂学习"如何让员工吃得满意"；

第二个"饼"是员工购置车辆，企业会给予购车补贴和加油补贴，金额最低 1500 元；

第三个"饼"是企业会免费为员工提供 37 平方米的单人宿舍；

第四个"饼"是不管什么样的工作岗位，企业给予的基本工资都会超过 6000 元/月；

第五个"饼"是企业会给予员工年终分红，年终分红的计算公式是"上年净利润 10%+当年新增利润 30%"；

第六个"饼"是员工的保底年薪为 10 万元。

当我们把这六个"饼"画给面试者后，在大多数情况下，面试者会选择双枪。为什么？因为**企业的薪酬福利是吸引人才的牢固基础**。特别是对于中小企业来说，具有竞争力的薪酬福利，不仅可以筑巢引凤，持续吸引外部人才，还可以育人、留人，激发内部员工做事的主观能动性，留住人才。

薪酬福利的设计是一门学问。双枪六个"饼"的薪酬福利方案也是经过多年优化、迭代才形成如今这样合理、具有竞争力的。当然，不同类型的企业在薪酬福利的安排上需要不同的方案，比如不同企业应该如何设置薪酬等级？制造型企业需要控制薪酬等级的级数，不能设置过多层级，但重视能力定薪的高科技企业却需要更多级别的薪酬等级。比如不同级别的岗位应该如何设置薪酬等级差？我们都知道中基层管理者与普通员工的薪酬应该有差距，可这种差距究竟应该设置为多少，差距是否在任何情况下都应保持一致，这些都有待思考——在某些互联网企业，资深工程师的薪酬甚至会高出项目经理许多。

这些差距应该如何设定，薪酬设计上的误区又该如何规避，自然需要一套合理、可靠又有效的方案提供支持，只有结合了具体实践的薪酬福利方案，才能帮助企业经营者实现"**心中有战略，手中有工具**"。

三、"广招"：企业从哪里招到人才

当企业有了人才画像，也懂得了如何"画饼"后，就要通过"广招"付诸行动。所谓"广招"，是指企业通过各种渠道招聘人才。"画像"解决的是企业需要什么样的人才；"画饼"解决的是企业能给人才什么；"广招"解决的是企业从哪里获取人才的问题。

选择正确的招聘渠道，企业不仅能够招到合适的人才，还能降低招聘成本。企业一旦选错招聘渠道，比如招聘有经验的管理人才时选择校园招聘，或者招聘基层人才时去找猎头，最终不但招不到合适的人才，还会浪费很多人力和物力成本。

在双枪，我们"广招"的渠道分别是校园招聘和社会招聘。我们对每个招聘渠道有着不同的选人标准。针对应届毕业生和有工作经验者的不同特点，双枪对这两种渠道的考察重点也有所不同。

在社会招聘渠道，双枪更偏重于考察应聘者对专业技术的掌握程度、实际操作能力、价值观等。因为双枪的企业性质和人才理念，相较于社会招聘，我们更热衷于从大学校园里选拔人才，校园招聘是双枪主要的招聘渠道。

目前，双枪有 1268 名员工，根据数据表明，企业 60% 的人才是通过校园招聘而来。双枪每年都会有 **20 场以上的校园宣讲会**，并且每年有 **10 场以上**的大型就业指导和企业宣讲会，这么多年的校园招聘经验已经让双枪形成了一套自己的校园招聘模式。

双枪校园招聘的第一步是企业经营者做就业指导。

如今很多企业也在做校园招聘，双枪与大多数企业的不同之处在于：双枪秉承利他思想，把对没有任何工作经验的大学生最有用的就业指导放在第一步。我们在校园招聘现场设置了就业指导功能区，同步开展简历诊断、生涯规划指导、政策咨询和就业指导等服务，为毕业生指点迷津，助力毕业生科学择业、明晰职业规划方向。

双枪之所以把就业指导放在校园招聘的第一步，除了秉持"让每一个双枪人都能充分享受到尊重、成长、快乐、财富"的企业文化外，也能通过这种方式吸引优秀人才加入双枪。"95 后""00 后"大学生的择业观已经发生了变化，他们更追求个性化、体验化，以兴趣、价值观为导向等鲜明的择业观对企业形成了一种"倒逼的力量"：企业的工作环境如何？成长的空间有多大？

要解决这些问题，双枪一方面要把薪酬福利、权益保护落到实处，将企业文化、人文环境做优做好；另一方面，企业要注重给予员工技能培训和发展的机会。在校园招聘会上，双枪用真心、爱心和关心让人才心安了，"招工"又怎会难呢？

双枪校园招聘的第二步是企业经营者做校园宣讲，优秀新员工"现身说法"。

如今很多企业也在做校园宣讲会，双枪与大多数企业的不同之处在于：双枪的校园宣讲会上的宣讲人是企业经营者，也就是由我主讲。

在校园宣讲会上，我会遵循"三步走"：第一步向毕业生介绍双枪的基本情况，比如双枪的成立时间、主要产品、企业现状等，让毕业生对双枪有一个初步了解；第二步向毕业生介绍双枪获得的荣誉情况，让毕业生产生"进入双枪"的自豪感；第三步向毕业生介绍什么是"双枪人"，以及他们在双枪能获得什么——无论在什么条件下，双枪人都疯狂追求每一个细节，力求把事做到尽善尽美；在双枪，只有不合适的岗位，没有不合适的人才，所有人都可以收获财富和成长，更可以收获尊重和快乐。

在我做完宣讲会宣讲后，我们会邀请个别近年入职的新员工做分享，阐述其在双枪的工作经验、工作感受等，同龄人的现身说法往往具有较大的影响力。

校园宣讲会对于大多数企业来说，已经不再是具有创意的招聘方式。近几年，大多数企业在做校园宣讲时会"遇冷"，我曾经看见一个企业的校园宣讲会，现场只有20余人参加。反观双枪的校园宣讲会，每一场参与的人数几乎爆满。以2019年的校园招聘为例，我们在浙江理工大学、浙江外国语学院、浙江农林大学举办3场宣讲会，在中国计量大学、浙江工业大学、浙江大学等院校举办6场校园双选会，企业累计收到数千份简历，经过层层选拔，共有21名求职者脱颖而出。

为什么双枪的校园宣讲会能获得如此大的关注呢？

主要原因在于两点：一是双枪在做宣讲时，一直坚守企业的核心价值观之一——"真诚守信"。比如在宣讲会中，对于双枪提供的岗位、薪酬、福利、环境、管理风格等情况，有一说一，不编造，不夸大宣讲。

二是要想重新获得"95后""00后"人才的青睐，企业的校园宣讲会要足够"有料"。中小企业想要招募到优秀人才，就该从毕业生的角度出发，了解他们对企业最关心的方面，围绕这些内容展开，并且控制时长，简要地向毕业生宣传企业文化、价值观、用人理念、员工的上升通道等。此外，企业经营者与高层的参与也会让毕业生感受到企业对人才的重视程度。双枪每年要举办 20 场以上的校园宣讲会，每一场我都会亲自宣讲，从没有落下过一场。

从校园获得新生力量，是企业可持续发展的重要条件。校园宣讲会的成功举办，足以为企业获取新生力量提供助力。企业宣讲人的职位、自身素质，以及其宣讲内容等因素，都会影响校园宣讲会的有效性。因而，企业要足够重视宣讲会质量。

双枪校园招聘的第三步是分组面试。

校园招聘的面试针对应聘者应聘岗位的不同，面试的内容也有所不同。比如应聘双枪技术部的大学生，面试内容会涉及专业的程序设计知识、个人技能掌握情况、个人基本的性格和业务素养等。在专业知识符合双枪要求的情况下，双枪更看重拥有不屈不挠、不卑不亢特质的人才，这也与双枪的企业文化不谋而合。

一场面试往往无法全面地将一个人了解透彻，双枪的面试设定了"五面"。"一面"由企业部门经理、总经理担任,主要考察应聘者的基本情况是否符合双枪的人才画像;"二面"由企业经营者——也就是我本人担任,主要考察应聘者的价值观、潜力等,"二面"后我会给应聘者发放20万字的《双枪文化手册》和我写的语录,让应聘者更详细地了解双枪;"三面"是由部门负责人按照题库内容和应聘者进行深度沟通,要求时长最低为1小时,"三面"结束后,双枪会要求应聘者写一篇题目为《我的双枪梦》的演讲稿发送给企业;"四面"的整个流程时长约12小时,流程如图1-4所示;"五面"的整个流程时长约12小时,流程如图1-5所示。

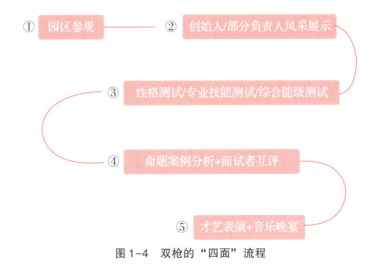

图1-4 双枪的"四面"流程

1. 《双枪文化手册》测试
2. 演讲：《我的双枪梦》
3. 一对一行为事件询问
4. 一对一快问快答
5. 定岗定薪、入职条件面谈

图1-5 双枪的"五面"流程

为什么双枪要加入演讲这一环节呢？这是因为通过应聘者的演讲，一则可以看出应聘者对于双枪的了解程度；二则可以看出应聘者的综合职业素质，比如演讲能力、沟通能力、逻辑能力等；三则可以看出应聘者是否有梦想，这一点很重要。比如在2021年某场面试的这一环节里，一位来自中国计量大学的应聘者分享了"作为新时代的青年要敢于有梦、勇于追梦、勤于圆梦"的内容，他想通过在双枪的成长实现自己的梦想。他的分享不仅感染了我们，也感染了其他应聘者。

很多企业看到双枪的面试流程如此烦琐，可能会产生质疑。事实上，我们通过这样的面试环节，不仅招到了最适合企业的人才，还吸引了很多潜在的人才。如此严苛的一套面试流程下来，心理素质不好的应聘者，只怕早已招架不住，能留到最后的，必然是专业素养、心理素质各方面都过硬的人才。双枪通过自己独特的面试方式，使得企业每年都有新鲜血液注入，既激发了员工的积极性，又为双枪的后续发展提供了强劲的动力。

要成为"双枪人"并不容易，需要"过五关，斩六将"，这是因为双枪挑选的将才既是战友，又是"老板"，我们是用"老板思维"在招才选将。用"老板思维"招进来的人才就是"老板"，他不仅能够自己奋斗，还能带领其他人一起燃烧斗志。如果企业用"员工思维"招人，那么招进企业的人就是"员工"，需要我们不断地驱动他、激励他，企业会"累"得筋疲力尽。最重要的是，员工主动干和被"赶"着干的区别非常大，两者在工作效率、工作质量、创意上的差距能达到20倍。

育人：只有不适合的岗位，没有不合适的人才

人力资源管理的第二个重点是育人。

我经常听到很多企业家说企业缺人，但实际上，企业

真正缺的不是人,而是人才。正是因为我们现在拥有的不是人才,岗位本来是"一个萝卜一个坑",而我们却要用"五个萝卜去填一个坑"。当发现成本太高,想要调换"萝卜"的时候,却没有合适的"萝卜"可调换,这才是企业面临的真实困境。

要解决这个困境,企业就必须打造一套人才培育体系。通过这套培育体系,企业能够让员工从新人变成高手,从店员变成店长,从主管变成经理……这个人才辈出的过程就是打造高绩效人才供应链的过程。

中小企业与行业"隐形冠军"在人才培育上的水平还有很大的差距,其中最大的差距在于体系化——中小企业缺乏人才培育的逻辑,缺乏有效的框架来搭建一个高绩效人才培育体系。为了解决这个问题,双枪坚守"只有不适合的岗位,没有不合适的人才"的育人理念,根据多年的实践经验,提炼出"五大育人法",对于每一位有机会进入双枪工作的人都提供均等的机会,并为新进人员制定了一整套培训计划。

一、新员工见面会

新员工见面会是双枪人才培育体系的一个重要组成部

分。新员工见面会设有登山比赛、游戏比赛、演讲比赛、才艺比赛、舞台剧排练五个环节。

大多数企业都会有新员工入职培训的环节，但像双枪这样以轻松游戏为主的新员工见面会少之又少。有的企业对新员工做完入职培训后就让新人上岗了；有的企业虽然做了新员工入职培训，往往也只是对员工进行了一次"填鸭式"讲解。这些行为很可能无法帮助新员工及时融入团队、适应新的工作环境、认同企业的产品及企业文化，最后直接导致新员工没过多久就和企业一拍两散。

基于此，双枪设立了新员工见面会，通过这一部分，可以很快地拉近新员工与企业之间的距离，增进感情的同时，也为新员工融入企业打下坚实的基础。

二、入职培训

双枪人才培育体系的第二个组成部分是入职培训。新员工入职双枪后要接受为期一个月的培训，培训流程分两个环节：第一个环节是听企业经营者讲授总时长为60小时的12门网课，内容包括商务礼仪、职业规则、招才选将、人才辈出、绩效管理、组织创新等；第二个环节是参与为期28天的集训，内容包括大国文化、心态习惯、魅力口才、经营管理等课程。

以大国文化课程为例,我们会分享中华优秀文化,比如《论语》《道德经》《孙子兵法》等。为什么双枪会在新员工的入职培训里分享中华优秀文化呢?不仅仅是出于从文化上寻根的考虑,更主要是想从中寻求智慧与启迪。"读圣贤书,所学何事,而今而后,庶几无愧"。双枪推出大国文化课程,就是希望能为新员工提供一个再次品读经典的机会,并通过自身的理解、体悟和实践,内化于心,外化于行,积渐日久,仰不愧,俯不怍,在培育和践行社会主义核心价值观的同时,获得自然之道的滋养,从而快乐和谐地生活。

在双枪,新员工入职培训功夫不是在常规说教之间,而是内延和外伸到新员工入职时与新环境接触的各个环节,注意好每一个细节,以人为本,帮助新员工建立对新工作的归属感并培养积极心态,为成就卓越表现做好前期工作。

三、日常培训

双枪人才培育体系的第三个组成部分是日常培训。日常培训有"四课三小时":"四课"指企业经营者一课、外部视频课程一课、部门负责人一课、部门精英一课;"三小时"指每周一课，每课三小时。

我们在内部做过一项数据统计，双枪的员工平均每年有7%的时间参与培训。这是一个非常惊人的数字，要知道，很多企业每年安排员工培训的时间不足工作时间的2%。这进一步体现了双枪对于人才培养的重视程度——以绝对的时间占比加强对员工综合能力的提升，这也是双枪日常培训的意义所在。

员工的时间其实就是企业的时间，相当于企业的生产力。从短期发展来看，培训似乎耽误了员工的工作时间，降低了企业一时的生产效率。事实上，培训是一种投资，是企业对员工的投资，也是企业对自身发展的投资。这种投资风险小，并且回报巨大。员工通过参与双枪的日常培训，不断地提升综合素质和能力，进而不断地提高工作效率，最终促进企业健康、稳步发展。

与其他企业员工流失率高的情况不同，双枪的员工对于企业似乎拥有极高的忠诚度。原因之一就是双枪能够不断地给员工创造新鲜感，让员工的求知欲和表现欲都能得到充分满足。而双枪组成的各种类型的日常培训，能帮助员工不断获得突破，发现自身更多的可能性，进而满足自身的晋升需求。

四、技能培训

双枪人才培育体系的第四个组成部分是技能培训。在技能培训上面,我们的渠道有数字商学院——双枪智汇岛、行动商学院课程、双枪商学院课程。

拳击手在赛场上采用各种各样的打法,有的力量充沛,一举击倒对方;有的身体灵活,以巧劲制胜。我们在员工的日常培训方面,也总结出三个最适合双枪的打法:还原工作场景、分解标杆动作、解决核心障碍。

关于双枪如何做技能培训的内容有很多,由于篇幅有限,这里不再赘述,图1-6为双枪外贸业务员的成长地图,可供读者了解双枪技能培训的内容。

五、师徒带教

双枪人才培育体系的第五个组成部分是师徒带教。对于我国企业来说,师徒带教的做法并不陌生,从古至今,各行各业都有师带徒的传统。将师徒带教应用到企业中,就是让能力合格的老员工作为新员工的师父,一对一进行培养。师徒制解决的不仅是徒弟能级(能力等级)提升的问题,还能让师父的带教能级在反复训练中实现螺旋式上升。

外贸业务员：新兵连"733成长地图"			
成长周期	前7天	前30天	前3个月
必达成果	通关入职	顺利完成工力模型测试（2周）；顺利完成3个订单的商检报关、回款退税	顺利完成一个客户的跟单（接单排单、订单把控）；顺利完成3个项目的供应商开发、询价
核心能力（关键动作）	1.《公司介绍（中文）》 2.《部门介绍》 3.《公司制度》 4.《部门规章》	1. 商检报关 2. 回款退税 3. 邮件书写 4. 外贸工力模型基本素养考核"自驱力/拓进力/沟通力/执行力/学习力"（C类人才标准）	1. 接单排单 2. 订单把控 3. 工厂开发 4. 询价话术 5. 外贸人主人翁意识/钻研精神/危机意识/创新精神考察（B类人才标准）
学练考评（内容考评）	1.《双枪公司介绍》 2.《双枪样品间介绍》 3.《双枪园区介绍》 4.《双枪公司员工手册》 5.《外贸部规章制度》	1.《商检报关流程》 2.《退税资料&流程》 3.《外贸岗位操作手册》之《跟单流程》 4.《外贸邮件书写规范》 5. 完成愿力/耐力/沟通力/执行力/学习力的考察并通过测试	1.《车间排单逻辑》 2.《生产工序&品控流程》 3.《如何开发供应商》 4.《如何获取工厂底价》 5. 完成外贸人主人翁意识/钻研精神/危机意识/创新精神测试

图1-6 双枪外贸业务员的成长地图

师徒带教与双枪的其他培训一样，都是为帮助新员工尽快从"校园人"转换成"职业人"而专门设立的互帮互助制度。双枪有着"一日为师，终身为友"的传统，徒弟和师父犹如一对"CP"（指人物配对的关系）。师父不仅关心徒弟的工作，还在思想上、生活中帮助徒弟；徒弟对师父不仅怀有学到技能的感激，还在观念上、行为上尊敬师父。这种师徒关系，精彩地演绎了一代代双枪人的工作关系。在双枪，无论工作多少年，都不会忘记自己的师父，有时候大家在谈论某人时，也会提及他的师父是谁、有多厉害等。

在双枪，师父在新员工的培养中扮演着 7 个角色：教练；榜样；能力与潜质的开发者；值得员工信赖的保护人；技术带头人；提供机会和纠正错误者；思想引导者。师父要做三件事：传道、授业、解惑。"传道"主要是指在态度层面，用职业化的态度引导新员工做一名合格的双枪人，具体包括讲解部门的情况，讲解企业的管理制度等；"授业"主要是指在业务层面，师父向新员工传授技术、技能、流程、工作方法和经验，引导新员工规范做事，具体包括定目标、找榜样、建赛道及 PK 常态化等；"解惑"主要是指在思想层面，师父负责做好新员工的思想工作，帮助其解决工作和生活中的一些问题，具体包括缓解新员工紧张和担忧的情绪，解答其业务知识上的疑惑，帮助其解决生活中的困难等。

师徒带教并非双枪原创，如今很多企业都在实行"师徒制"的培训方式，但能取得明显效果的寥寥无几。为什么双枪能够把师徒带教这一方式运用得炉火纯青，培养出一批批无论在什么条件下都疯狂追求每个细节，力求成为把事做到尽善尽美的人呢？

首先，全员从思想上高度重视。在双枪，师徒带教不仅仅是"老员工带新员工"式的培养方式，也是人力资源管理模式中育才的关键一环。对于新员工来说，师徒带教能够帮助他们更快地融入双枪；对于企业的基层管理者来说，师徒带教能够辅助他们高效地培养出带有双枪基因的优秀人才，提高各个层级员工的执行力；对于企业的中高层管理者来说，师徒带教能够帮助他们培养大量优秀的管理者。

其次，企业制定出一套确保师徒带教落地的制度。其中，包括对师父的激励制度、奖惩制度、考核标准、工作流程等。值得注意的是，双枪对师父的考核十分严格。师父必须承担起培训、培养新员工的责任，一旦新员工出了问题，师父必须承担相应的责任。

以上就是双枪人才培育体系的主要内容，通过"五大育人法",我们培养了一批有梦想、有活力的精英团队,也成功孵化出50余位区域总经理。同时,我们企业也被同行称为行业内的"黄埔军校"。

最后,我要特别提醒企业经营者,我们要把人才培育上升到战略高度,它一定是"一把手工程",代表了企业对这件事情的重视程度,以及愿意调动一切资源做好这件事。如果没有"一把手"的支持,人才培育要想成功,无异于难上加难。

激活人:去除KPI,大船变舰队,人人当老板

人力资源管理的第三个重点是激活人。我曾与几位企业经营者相约喝茶,在聊起员工管理的话题时,一位刚刚把企业带上正轨的经营者摇着头感叹:"都说要让员工和老板一条心,但怎么就这么难呢?无论再怎么说、再怎么罚,总是见不到效果。"另一位经营者笑着喝了口茶,慢悠悠地说道:"光说员工有什么用?什么是真正的领导力?那就是你可以带领一大群人心甘情愿地去任何他们想去或者不想去的地方,你现在还做不到,没有办法激活这样一群人,那是你自己还没修炼好。"

诚如德鲁克所言，管理者要做的是激发和释放人本身固有的潜能，创造价值，为他人谋福祉。这就是管理的本质。管理的最高境界不是我们能把员工控制得多好，而是我们能否真正感染员工，激发他们的潜能，帮助他们实现自我成长。只有我们以成就员工个人为要义，才能真正成就企业。《论语·雍也》篇中有言："己欲立而立人，己欲达而达人。"从企业经营者的角度来解读，也是在说成就员工才能成就企业。

那么，如何激活员工，成就企业呢？

一、文化激活

要想激活人才，企业不能完全依靠冰冷的制度，要有良好的企业文化，让员工融入企业，感受到企业的温暖，这就是用文化激活人才。

企业文化是企业成员共同的价值观念和行为规范，是企业的灵魂，是推动企业发展的动力。一个企业拥有良好的企业文化，这才是企业激活人才的关键。双枪一直通过企业文化建设，创造一种高度和谐、友善、亲切、融洽的氛围，凝聚人才的创造力量，激励人才不断奋进，并且在价值观上取得共识。双枪人最喜欢的数字是"1"，在双枪的文化里什么事都要做到第一。双枪人对自己的定义是：**无论在什么条件下都疯狂追求每一个细节，力求成为把事做到尽善尽美的人。**

企业要经营员工哪些方面才能让文化真正激活人才呢？答案是，**经营员工的安全感、成就感和幸福感**。安全感来自员工对企业的信任，这种信任来源于工作"硬环境"的可靠、稳定、安全，以及薪酬待遇能够满足自身期望。比如给员工创造良好的工作环境，打造一系列工作基础设施和生活服务设施。举个例子，如图1-7所示的位于杭州的双枪总部，于2002年设计，在2005年开工建设，于2007年年底建成，一共花费180万元设计费和1亿元的建设费。这对于当时销售额只有3000万元左右的企业来说，愿意投入如

图1-7 双枪的企业环境

此大的资金用于企业环境建设，是一件疯狂而极致的事情。除此之外，我们给予员工最大的安全感在于用人理念，即**"只有不合适的岗位，没有不适合的人才"**，这意味着只要通过招人、育人进入双枪后，我们不会轻易淘汰任何一个人。这是双枪与其他企业在激活人才上最大的区别所在。

很多企业为了激活员工，设有绩效考核，实行末位淘汰机制，比如华为一直是实行末位淘汰机制的典范，很多企业都在学习华为的管理方法。末位淘汰机制与华为的企业文化息息相关，也与华为的雄厚实力密不可分。华为奉行奋斗者文化，因此优胜劣汰就成了华为的绩效考核核心准则，只有为末位员工持续施加压力才更能激发大家的奋斗精神，并且保证华为团队的整体优势。

反观中小企业，有很多企业没有形成奋斗文化，更不具备华为的雄厚实力，无法很好地吸引人才，如果一味地进行末位淘汰，我们很快就会发现企业无可用之人。所以，对于中小企业来说，在激活人这一点上，**与其把重点放在末位淘汰上，不如在选择人才的时候慎重一点，培育人才的时候努力一点，实现"严进宽出"**。

在双枪，我们会把每一位进入企业的员工当成家人，既然是家人，我们就不会轻易"抛弃"他。企业和员工是一家人，互相协助、互相激励，既是利益共同体，又是利害共同体。一旦家里有人出现问题,谁都有责任。对于在某一阶段业绩不太理想的员工,我们要通过各种培训方式帮助他提高,而不是直接淘汰他。淘汰员工不是目的,企业要通过各种手段来调动员工的工作积极性。

成就感来自企业对员工的认可表彰、职业发展和自我实现。双枪每年都会评选出一大批优秀员工,公开对他们进行表彰和嘉奖;在职业发展道路上,开辟了管理和专业技能发展双通道,让员工根据自身特性选择晋升方向;通过不断提升自己,员工在双枪这个大舞台上实现了自我绽放,获得了自我价值。

企业经营者和管理者在这个过程中,做得更多的是对员工进行引导,因为成就感是无法直接赋予的,需要员工自己体会。员工拥有成就感,自然而然在工作上就会富有激情。

幸福感来自企业对员工的关怀、尊重与爱。双枪不倡导"狼性文化",我们给予员工关怀,让员工具有"勤"和"勇"的素养,主动为企业发展贡献力量,这比员工为企业奉献要来得更加长远。同时,我们通过营造具有尊重感的环境,让员工产生"我与众不同,我在这里受人尊重"的想法。希望得到他人的尊重是人类的基本需求之一,员工希望在企业中获得他人的尊重,希望得到同事、领导的欣赏与喜爱，如果这种被尊重的需求得不到满足，即便这个人在工作上表现得非常出色，其积极性和创造性也会被大大削弱。

以上就是双枪用文化激活人的部分举措。企业想要什么样的员工，一定要用什么样的文化去引领。通过文化，我们对员工安全负责，对员工成长负责，对员工发展负责，对员工梦想负责，对员工幸福感负责。

二、待遇激活

除了用文化激活员工外，能让员工一直追随着企业，最核心的激活方式一定是待遇，特别是对于中小企业来说，用待遇激活员工有时候甚至排在第一位。那么，中小企业应该如何做才能达到激活员工的效果呢？

双枪有一套独特的待遇分配管理机制——**去除KPI，大船变舰队，人人当老板**。我们提出：为什么企业不能建立一个机制让员工给自己干而不是给企业干呢？

现在，大多数企业的待遇分配方式不是按照比例而是定额，比如一个员工去年的销售业绩为1000万元，企业给予员工的薪酬总额是20万元；员工今年的销售业绩为1亿元，企业会给员工200万元的薪酬吗？大多数企业是不会的。不管员工的销售业绩有多高,企业大多会设置一个薪酬上限。同样,员工今年的销售业绩是100万元,企业会给员工5万元的薪酬吗?也不会。因为企业担心员工会离开企业,所以也会设置一个薪酬下限,比如无论员工的业绩有多么不理想,企业还是会给员工10万元的薪酬。

对于企业来说,用待遇**激活员工最有效的方法一定是股权激励**。但股权激励的分配方式不是按定额分红,而是按比例分红。定额分红是指在预定的周期内(一般为3~5年),将预先确定的、可用于激励的利润比例按约定好的分配方式授予被激励对象;比例分红则是指在一定周期内,按照约定好的比例从已产生的利润中计算出分配额度授予被激励对象。为什么我建议企业要用比例分红的股权激励方式呢?对于上市企业来说,容易出现企业高管"套现"走人,即把企业的分红一次性拿走的情况,这样员工几乎拿不到分红;对于一家非上市企业来说,如果员工不知道企业的财务情况,股权激励的方式则没有意义。

基于此,双枪采用了"去除KPI,大船变舰队,人人当老板"的股权激励方式。具体是如何操作的呢?

首先,我们把企业的组织架构调整为以**"事业部为主+职能化管理"**的赋能型组织结构,将经营单位尽可能拆分得更小,每个事业部严格按照"对接市场、独立核算、自负盈亏"的机制来运行。图1-8所展示的是双枪的组织架构，企业被拆分成13个部门，每个事业部分而治之，让它们自己掌握指挥权。

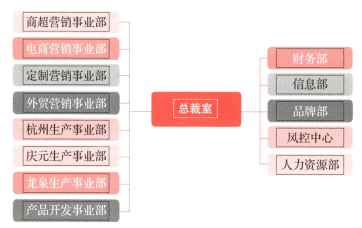

图1-8 双枪的组织架构

其次，双枪在高底薪、高福利的基础上，给予员工高分红，分红的分配公式为：**上年净利润10%+当年新增净利润30%**。双枪在全国有55个办事处，其中有50个办事处的员工100%持股；销售部门所创造的利润20%归部门所有；生产部、财务部、人力资源部所节约的费用20%归部门所有；产品开发部当年节约的费用100%归部门所有……双枪通过这样的分配方式，让每一个员工把自己当成企业的经营者。没有采用这一分配方式之前，双枪好比是一艘大船，只要我指挥得当，行驶不至于太过缓慢，但若我指挥失误，这艘大船就可能行驶缓慢，甚至触礁沉没。在采用这一分配方式之后，员工把自己当成企业的主人，大船变成了舰队，员工与企业成为利益共同体，大家方向一致，行动快速，遇到困难时可以立刻分散或者掉头，也可以相互协调作战，即使有所损伤，也能够很好地保存实力，不会出现一损俱损的情况。

对于如何激活员工，企业要解决的是员工给谁干，干完了怎么分配的问题。在互联网时代，企业要倡导"先开枪后瞄准"，而不是"先瞄准后开枪"，这意味着企业要从业务管理转向投资管理——**最好的管理是"不要管理"，最好的激励是"不要激励"**。企业要做的只是：**去除KPI，大船变舰队，人人当老板**。

以上就是双枪用极致的人力资源管理理念开创"筷子第一股"并成为"隐形冠军"的道与术。双枪为什么成功？是因为我们把员工当人看，既然是人，那么便都需要被包容、被激励、被呵护，而不是一味地遭到指责、呵斥和辱骂；既然是人，就有七情六欲，难免会有私心、会偷懒、会有情绪，所以企业要理解、认同、尊重员工。同时，企业管理者要赏识他人，更要学会赏识自己。学会赏识自己，就会相信自己一定行，就会持之以恒地练习，最后超越他人、超越自我。

这些年，我熟读《道德经》，深知"持而盈之，不如其已。揣而锐之，不可长保"的道理，我善待家人、善待员工、善待同行和供应商，以及用户，我不认为这有多高尚，这只是生而为人应该做的事。

最后，我想把自己的一篇诗作《做永远的彩蝶》分享给大家，与大家共勉。

无时无刻不在想着，在万物复苏、鲜花吐蕊的春天，踏着晨露、迎着晨曦，在花间、在草里、在水上，在薄如轻纱的迷雾森林中自由穿梭，翩翩起舞，难以抗拒轻舞飞扬的吸引，虽然蜕变无比艰辛，美丽异常短暂，但为了不再丑陋、不再爬行，我愿走一段九死一生的旅程；生命不在于是否能够得到延续，或存在得久远，而在于曾经是否精彩绚丽，我愿成为生生世世的彩蝶。

"现代管理学之父"彼得·德鲁克,提出企业的宗旨是"创造用户"之后,又提出了:**基于用户,企业有且只有两项最基本的职能——营销和创新**。营销的实质就是企业智慧与用户心智之间的较量,这种较量是长期存在的。在充满不确定性的数字化时代,这场较量必然要升级,原因有两点:一则全民体验时代已经到来,用户已经不喜欢,甚至很反感"被营销";二则企业如何在合适的时机找到合适的用户,用合适的沟通语言和场景快速占领用户心智,原有的经验模式显然不够用,营销创新就成了一个必然。

2014年年初,我临危受命担任李渡酒业总经理,当时的李渡酒业已历经5位董事长,并且持续亏损5年。可想而知,我接手李渡酒业时,企业正面临着巨大的生存危机。志当存高远,为了展示出自己想把李渡酒业做成标杆企业的决心,我在李渡酒业门口栽下了一棵小树苗。如今,这棵树冠如华盖,已经长成了一棵不惧风雨的大树。它就像一个见证者,见证了李渡酒业 8 年的成长,从最初陷入困境,到如今形成势不可挡的可持续发展之势,再到李渡酒业即将开创的未来。

回顾经营李渡酒业的成功经验,我认为主要做对了两件事。

一是**打造尖刀产品**。初到酒厂,我意识到李渡酒业的产品基础比较薄弱,虽然有 140 多个品种,但销量都不大,没有核心产品,更谈不上核心竞争力。我深知,一款好的产品是打造李渡酒业品牌的基础。经过一段时间的调研,我决定开发一款能代表李渡酒业的尖刀产品——老酒。首先,我对企业现有的低端光瓶酒品种进行了压缩,通过清理老酒挖掘出了李渡酒业的历史基因;其次,我们花费了一年多的时间对新产品进行反复试验、打磨,在一次又一次的重做中实现产品升级;最后,我们终于打造出"李渡高粱 1955"这款高端光瓶酒。

2015 年 9 月,"李渡高粱 1955"获得布鲁塞尔国际烈性酒大奖赛的最高奖"大金奖",成为与 53 度飞天茅台酒比肩的新锐。随后,这款明星产品成为江西区域高端裸酒代表的不二产品,连续十多次涨价,涨至 1120 元一瓶依然供不应求。上市短短几个月的时间,"李渡高粱 1955"的销售额就突破了千万元，这对于曾在生死边缘挣扎的李渡酒业来说，既是一次成功的起死回生，又是一次漂亮的绝地反击。

二是**营销创新**。成功打造出"李渡高粱1955"这一尖刀产品后，曾经在生死边缘挣扎的企业满血复活，此时我开始进行更长远的思考。我发现，李渡元代烧酒作坊遗址在2002年被评为"中国十大考古发现之一"，在2006年更是被国务院授予"全国重点文物保护单位"，酿酒历史源远流长，文化底蕴深厚。我想到，如果能将旅游业与酒业结合起来，与用户有更多的互动体验，就能充分吸引人流，而这将成为李渡酒业的核心竞争力。想到就要做到，我马上带领全体员工，一边"吃小菜饭，过紧日子，打文化牌"，厉行节约，挖潜增效；一边依托"全国重点文物保护单位"李渡元代烧酒作坊遗址进行营销创新，从零开始打造属于李渡酒业的沉浸式互动体验营销模式。

在介绍沉浸式互动体验营销模式之前，我们首先需要弄清楚两个问题：什么是沉浸式互动体验营销？企业为什么要做它？

一、什么是沉浸式互动体验营销

你是否有过精神完全集中于某种活动中的感觉？比如

看电视看得入迷，别人怎么叫你，你都听不见；你在玩游戏时，可能一开始只是想玩几局，却不知不觉从早上玩到了晚上……事实上，这都属于沉浸式互动体验。

对于沉浸式互动体验营销，我的理解是：**它既是基于用户在"自证"过程中亲自参与、眼见为实为特点而打造的品牌营销方式，也是企业通过设计用户的感受使其沉浸的互动体验模式，从单向传播转变为润物细无声式的互动、立体传播方式。**

比如通过活动让用户参与各种产品的互动体验后，企业不需要说自己的产品有多好，用户在参与互动的过程中，自己就能感受到产品的好，从而高度认同该产品，形成口碑传播效应。

二、为什么要做沉浸式互动体验营销

关于李渡酒业为什么要做沉浸式互动体验营销，虽然业内有很多解读，但大多未触达本质。真正的原因，还要从外部市场环境的变化和李渡酒业内部经营两个角度去看待沉浸式互动体验营销。

市场环境复杂多变，一是行业面临挤压式竞争，酒企的较量从品质、品牌、经销商，延伸到对用户的争夺。中小企业没有大企业的资源优势,在缺钱、缺人、缺资源的情况下,中小企业很难打破用户的固有认知,唯有通过营销创新才能破局。

二是企业对于**用户的认知打造已经由单向的大众饱和式传播,转变为网络传播、社群传播和人际传播**。作为酒企,如何争夺用户并让用户在众多的产品中只选择自家产品?在消费场景多元化的今天,单一的品牌广告已经很难黏住用户,用户会根据自身兴趣选择性地接收信息,有了参与感、体验感、互动感后,才会与产品建立关联并逐渐产生黏性。所以,很多酒企都设计了类似"回厂游"的品牌体验活动。这足以证明,酒企已经开始注重用户的体验感。

三是我国白酒行业正式进入"用户主权时代",用户的沟通方式变了,从"以传播者为中心"转变为"以受众为中心";用户的消费方式变了,从单纯的"喝酒"和"馈赠"转变为品鉴、社交、收藏、定制、封坛等。

从李渡酒业内部经营来看,我们认为**经营企业就是经营人性**,在营销层面上理解,经营人性就是获取用户信任,而获取用户信任的最好方法,就是让用户全方位体验酒的品质、酒的生产、酒的文化等。另外,白酒消费有两大痛点:第一大痛点是用户怕喝到"酒精勾兑酒",第二大痛点是在白酒的成本里，广告和包装占很大一部分，酒本身的成本并不高，用户对此不买账。针对这两大痛点，李渡酒业为产品选择了最普通的包装形式和最传统的粮食酿酒方式，并且在邀请用户进厂参观体验的同时，向用户展示自身考究的酿酒工艺与有趣的历史故事，一下子就吸引了用户的注意，增加了懂酒、爱酒者对李渡酒业的好感。值得一提的是，李渡元代烧酒作坊遗址作为"国之瑰宝"，有充分的先天优势和资源支撑企业开启文旅体验的模式。

对外做到差异化竞争，对内激活企业的增长基因。这就是李渡酒业做沉浸式互动体验营销的原因。通过沉浸式互动体验营销，李渡酒业被行业评为"打造沉浸式体验的头号玩家"；李渡酒业成为我国白酒"沉浸式体验开创者"；李渡酒业的营销创新方式入选加拿大"毅伟商学院案例库"和美国"哈佛商学院案例库"，同时，吸引了数十万人来到李渡元代烧酒作坊遗址参观、体验，并因此名声大噪。李渡酒业经历了从持续亏损到超倍速增长的跌宕，从经营艰难到实现产业突破，再到今天成为行业内营销创新的典范，很多媒体和学者都在分析"李渡现象"。

下面，我将从"看得见的水面之上"和"看不见的水面之下"两个层面，分享李渡酒业打造沉浸式互动体验营销的底层逻辑。

营销"四部曲":为用户创造全域体验

"看得见的水面之上"是李渡酒业打造沉浸式互动体验营销的具体方法论。事实上,很多企业都在做沉浸式互动体验营销,比如大部分酒企组织的"回厂游"活动,李渡酒业的沉浸式互动体验更加充满人情味,讲究互动性,在互动的过程中实现品牌理念与用户的深度关联,从而转化为品牌势能,并将其打造成与用户长期沟通的阵地。归纳李渡酒业做沉浸式互动体验营销的方法,总结起来有"四部曲",如图2-1所示。

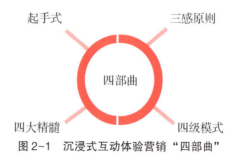

图2-1 沉浸式互动体验营销"四部曲"

第一部曲:起手式

所谓起手式,就是企业设计大量能够吸引用户自动参与、亲身感受的活动项目。这是沉浸式互动体验营销的入口,也是品牌与用户连接的入口。

具体该怎么做呢?李渡酒业的起手式有"九个一",分别是一根酒糟冰棒、一颗酒糟鸡蛋、一盘酒糟花生、一桌绿色全酒宴、一瓶自调定制酒、一次黄金水泡脚、一场酒王争霸赛、一堂中国白酒品评课、一部中国酒文化史,如图2-2所示。

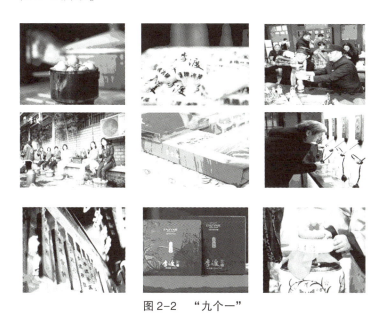

图2-2 "九个一"

不要小看这"九个一",李渡酒业预设的这些环节就像"钩子"一样,会把用户牢牢地"钩住"。为什么这么说呢?这是因为"九个一"是遵循人的"五觉"进行设计的，这"五觉"分别是味觉、嗅觉、视觉、听觉和触觉。**而人们通过"五觉"所获取的信息中，有80%来自视觉，10%来自听觉，剩下10%来自其他几种感觉。**

针对味觉，李渡酒业通过品尝一根酒糟冰棒、一颗酒糟鸡蛋、一盘酒糟花生、一桌绿色全酒宴、一瓶自调定制酒等体验活动让用户在吃的乐趣中沉浸地感受李渡酒的魅力。比如酒糟冰棒是使用酒糟特制而成的冰棒，甜爽怡人，与李渡酒风味既有神似之处，又相得益彰，更在不经意间为用户诠释了李渡酒纯粮固态酿造的传统工艺真谛。舌尝其味，心感其质，这种兼有愉悦感和价值感的体验，为李渡酒"圈粉"无数。

针对嗅觉，无论用户在何时走进李渡的任何地方，酒的香气都弥漫在空气中。通过气味，为用户提供一个充满诱人李渡酒香气的环境，这种味道会"飘"进用户的脑海里，印在用户的记忆里。科学研究发现，每个人的鼻子可以记忆一万种味道，而嗅觉记忆的准确度比视觉要高一倍。天底下没有两种完全相同的气味，不同的酒味如同品牌标签一样，让用户一旦闻到就能联想起李渡酒。

针对视觉，李渡酒业把"九个一"中的每一个环节都打造成一场视觉盛宴。比如在一场酒王争霸赛中，用户面前被放置酱香、浓香、清香、特香和"李渡高粱1955"

五杯酒,用户要通过盲测打分选出酒王。用户在体验的过程中,将会对李渡酒"一口四香"的独特口感有更深入了解。如今,酒王争霸赛已经举办了数期,随着品牌知名度的逐渐提升,报名参赛的用户也越来越多。我们通过酒王争霸赛,让更多的人重新认识了中国白酒的文化魅力和独特底蕴,而"喝好一点,喝少一点"的健康饮酒理念,也让更多的人重新认识并爱上了中国白酒,这也正是李渡酒业作为中国酒文化的传承者,所作出的最大贡献和价值所在。

针对听觉,在"九个一"的各个体验互动环节中,李渡酒业会根据不同的环节设计不同的音乐,或缓或急,或柔或重,利用美妙、独特的声音,吸引用户的听觉关注,并在用户的心目中形成独特的音乐篇章。独特的音乐是李渡酒业品牌个性的充分体现,音乐作为一种特殊的语言,具有巨大的感染力和潜移默化的影响作用,可以进一步强化品牌记忆。

针对触觉,李渡酒业通过让用户亲自触摸来增强其身临其境的感觉。比如在一瓶自调定制酒环节,用户按照我们提供的配方,将不同度数的酒进行勾调,最后将调好的酒贴上自己的标签,用户"人生中的第一瓶自调酒"就这样产生了。这是一种独特的触觉体验,用户可以参与酒的生产，从而留下美好的回忆。

除此之外，李渡酒业还设计了一堂中国白酒品评课、一部中国酒文化史的体验环节，进一步刺激用户的"五觉"。酒的品质是酒的生命，这也是用户最注重的。倘若产品没有好的品质，即使在其他方面表现得再好也没有用，用户也不会轻易接受。如何评价一瓶酒品质的好坏呢？李渡酒业用到了白酒品评课，通过举办各种白酒品评课让用户喝得明白、喝得健康、喝出文化。举个例子，在第四届封坛文化节举办期间，李渡酒业联合源坤教育科技在南昌开设了国家二级品酒师培训班。培训班的授课内容十分丰富，包括讲解中国白酒历史，传授各种品酒技巧与方法，以及介绍12种白酒香型工艺特点等。

为什么要开设中国白酒品评课呢？大部分用户其实并不知道如何品尝酒的好坏，不知道酒的好坏，就辨别不出李渡酒的好坏。通过开设白酒品评课，我们可以让用户了解辨别酒好坏的方法，从而使其辨别出李渡酒的品质。我们没有告诉用户自己的酒有多好，而是通过教用户辨别酒的好坏，让用户自己辨别出来，这样用户会更加信任李渡酒。

而一部中国酒文化史环节做到的不仅仅是宣传酒文化。李渡酒业坐拥古老的元代窖池，有着特殊的文化属性，对我国文化的发扬和传承是当仁不让、责无旁贷的。在传播我国文化的道路上，李渡酒业已经探索多年，打造出"李渡国宝宋宴文化"大 IP（知识产权）。在传承中创新，给予传统文化新的解读，已然形成独特的品牌优势，缔造了白酒行业的文化标杆。

第二部曲：三感原则

沉浸式互动体验营销遵循的是三感原则，分别是参与感、仪式感、娱乐感。在整个营销过程中，我们会通过组织各种活动提升用户的"三感"。李渡酒业仅在自己的根据地市场——进贤县——2021 年开展的用户活动累计近百场，几乎做到了月月有主题、周周有活动，活动大致可分为"造节式活动""仪式化活动""口碑化活动"三种类型。

首先是"造节式活动"。随着李渡酒业近几年的快速发展，我们在行业内和区域市场内积累的资源越来越多，对于活动的策划和组织能力也越来越强，因此活动类型逐渐由"蹭热点"向"做重点"转变，以活动品牌化和活动产品化为原则，开始打造自己独有的活动，其中，比较具有代表性的是"李渡封坛文化艺术节"和"国粉节"。

2018 年，我们举办了第五届"李渡封坛文化艺术节"。

开创:

企业创新谋变的 10 个法则

2018 年 9 月,李渡酒业举办中国白酒文化自信研讨会暨第五届国宝李渡封坛文化节,涵盖六大主题活动:"2018 元代古窖秋季开窖与封坛仪式""2018 中国白酒文化自信研讨会暨中国南方高端老酒高峰论坛""2018 中国南方高端老酒交流大会""第二届真实年份名酒品评大赛""2018 中国白酒国家二级品酒师培训暨白酒泰斗授课仪式""2018 国宝游轮——醉美赣江,一江两岸游"。这个活动已经成为极具李渡酒业特色的一场综合性文化盛宴。

其次是"仪式化活动"。比如状元封坛、不同等级品酒师品评及授课仪式等活动,结合不同的场景,让用户更有参与感、更有仪式感、更有娱乐感,从而获得更好的传播效应。

以状元封坛活动为例,物料仪式化(着状元服、戴大红花、骑高头大马等)、流程仪式化(迎接状元、酒厂参观、祭拜万寿宫、自调酒体验、状元封坛、状元寻宝、状元留墨等)、体验仪式化(状元手工酿、状元三敬酒、闻香识酒、调酒论英雄、酒王争霸赛、珍藏状元坛等)始终贯穿整个活动。如今,状元封坛活动已经成为李渡酒业的一个特色 IP。

最后是"口碑化活动"。李渡酒业结合自身特点,充分发挥本地资源优势，围绕目标用户，开展了大量直接面对用户的"口碑化活动"，并且通过活动取得了直接或间接促成销售的良好效果。

比如国宝大巡演，是通过营销使李渡酒业走进社区，将企业介绍、产品特点、促销活动等内容直接送达用户；比如冠名和赞助各类体育赛事，通过组织乒乓球比赛、羽毛球比赛、户外活动等，建立用户口碑；比如利用"三八妇女节"，通过将全县各乡镇的妇女主任请进酒厂的方式，让她们了解李渡酒业，在后期的村村通工程开展中，她们在村干部、农村红白理事会与李渡酒业之间起到了牵头引线的作用；通过组织多场爱心公益活动，如赞助贫困学生、慰问养老院、成立公益基金等，又使得李渡酒业在大众用户心中形成了良好口碑……像这样的"口碑化活动"还有很多，在此不一一列举。

第三部曲：四级模式

让所有的用户都到李渡酒业参与体验是不现实的，所以，我们在全国布局并建立了由浅入深、覆盖全国的"四级模式"，设计了一套"总舵—分舵—小舵—数字化激活，线上全网互动"的体验架构，从而保证了用户在全域获得体验（见图2-3）。

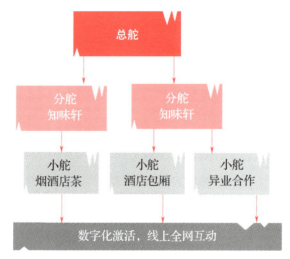

图 2-3 李渡酒业的"四级模式"

"总舵" 是李渡酒业打造的用户工厂体验游览项目。我们邀请了很多 KOL（关键意见领袖）和 KOC（关键意见消费者）亲临工厂，通过一系列的沉浸式体验项目（比如上文提到的"九个一"），让他们体验李渡酒业的文化与价值，从而发自内心地认同和理解李渡酒业的文化。当这些群体产生认同感后，他们自然会通过自身的社交关系网自发宣传李渡酒业的产品，影响身边的用户去体验。

"分舵" 是指李渡酒业在全国开的 360 家知味轩。知味轩是李渡酒业和 KOC 批量建立联系的一个重要场所，未来几年李渡酒业计划在全国开 500~600 家知味轩。知味轩不仅可以提供用户体验服务，还可以有目的、有计划地批量培养李渡酒业的 KOC 矩阵。通过遍布全国的知味轩，让不方便到李渡酒厂的用户了解李渡酒业的文化，体验"李渡高粱 1955"产品，最终让用户认可李渡酒业的产品，并且推荐给身边的人。

"小舵" 是指城市的烟酒店和城市合伙人所开的"云店"。它的价值是让用户不需要离开家门，便可以买到李渡酒，并随时联系到李渡酒业的工作人员，和李渡酒业持续建立深度联系。

"数字化激活，线上全网互动" 是指李渡酒业运用数字化激活整个营销体系，实现线上全网互动，这是企业开创未来的关键，我将在下面的内容中进行详细的分享。

我们的"四级模式"通过体验层层递进、场景四级互动，在全国布局合作社来做导流、做销售，在重点环节布局知味轩用来做体验、做认知，最后用酒厂做文化、做品牌。以用户为中心，多面覆盖、全方位营销，走进用户的生活，构建可达成交易的场景，最终解决"人找酒"的问题。

第四部曲：四大精髓

沉浸式互动体验营销的"四大精髓"指的是消费体验化、营销场景化、传播立体化、品牌口碑化。

用户通过各种途径体验到李渡酒的品质与口感后，会产生自动消费的想法，不需要我们主动推销产品，就能达到消费体验化、营销场景化、传播立体化、品牌口碑化的效果。所以，前面三部曲是"因"，最后一部曲"四大精髓"是"果"。我们在前面的"因"上努力，才会产生后面的"善果"。

在这里，需要特别说明的是，产品是成功的基石。李渡酒有其独特的"一口四香"风味——端杯闻浓香，沾唇是米香，细品有清香，后味陈酱香。这和李渡酒业独有的酿造工艺密不可分，即"两古两长"的传统工艺。

"两古"，是指产品在**古窖池**采用**手工古法**酿成。李渡古窖为延续使用的元、明、清青砖古窖池群，其产品生产采用全手工古法酿造。"两长"首先是指发酵期长，其发酵期达 60 天以上，可以产糖、产酒、产香；其次是指存储期长，通过挥发达到杂质减少、酯化水解的效果，使醇类、酸类和酯类之间逐渐达到平衡。

值得关注的是，近年来，李渡酒业还在窖池中发现 167 个古菌群 OTU[一]，这成为李渡酒独特风味和风格的保证。

[一] OTU：Operational Taxonomic Unit，即分类操作单元。在微生物多样性分析中，根据不同的相似度水平，对所有序列进行 OTU 划分，一般情况下，如果序列之间的相似性高于 97% 就可以把它定义为一个 OTU，每个 OTU 代表一个物种。

正因为品质出类拔萃,在 2015 年布鲁塞尔国际烈性酒大赛期间,"李渡高粱 1955"从 1397 款参选的产品中脱颖而出,与 53 度飞天茅台酒一起获得了大赛最高奖——"大金奖"。2019 年,"李渡高粱 1308"在 1750 款酒样中再次摘金。至此,李渡成为我国仅有的拥有 2 项"大金奖"的白酒品牌。

通过层层递进的沉浸式互动体验营销,李渡酒业为用户创造了一个由浅入深的全域体验,一方面强化了用户对李渡酒文化的认可度、对酒质和酒品的满意度,做强了口碑,也做大了圈层;另一方面,把参与进来的用户变成了品牌的传播者、推广者,全方位扩大品牌声量。

数字化赋能:一物一码

李渡酒业的"四部曲"是对新营销理论的落地实践验证,但只有对线下用户做沉浸式互动体验还不够,还要运用数字化想办法连接线上用户和线下行为,通过与用户的互动沟通深入挖掘用户需求,做到品销合一。

那么,如何通过数字化赋能营销呢?

"一物一码"是李渡酒业连接人、货、场并沉淀数据的最佳方式，也是抓取终端用户数据的触角，与沉浸式互动体验营销高度契合，相辅相成。

为了方便大家更好地理解，接下来，我拟定三个场景，来解读李渡酒业的数字化赋能营销，以数据重构"人、货、场"从而实现用户"所见即所得"。

第一个场景是"防伪+营销+公众号增粉"的终端互动。打开每个李渡酒瓶，瓶盖里会有一个二维码，用户扫码可查阅产品的真伪信息，关注李渡酒业的微信公众号后，还能获得红包奖励或积分奖励，在这个环节当中，李渡酒业还可以获得精准粉丝，并收集扫码用户的消费数据、行为数据、场景数据和原生数据。

积累种子用户是渠道分析、人群细分、用户数据获取、口碑裂变的基础环节，也是最重要的环节。通过扫码送红包的让利式营销，使用户对李渡品牌建立起认同感，搭配"四级模式"进行场景营销，迅速抢占当地市场。

"一物一码"反向将产品变成了李渡连接用户、沟通用户的流量入口，扫码送红包的效果立竿见影、高效可控，极大延长了营销的价值链。过去企业将酒卖给用户，营销活动就结束了，现在用户买到酒之后会再度进入消费环节。通过导流，企业的营销是一个新的开始，价值链得到了很大的拓展。

第二个场景是"导购激励+激活推销积极性+收集导购数据"。大数据引擎的导购系统可以解决传统服务员推销积极性不高、激励奖励发放不及时、无法收集服务员用户画像等令人头疼的问题。导购码则是服务员卖一箱酒便能扫码得到红包奖励,卖得越多得到的奖励越多,以此提高推销积极性。在这个环节当中,李渡酒业还可以获得每个扫码服务员的数据、产品开箱数据,实时掌握终端产品卖出情况。

导购码的功能是激励促销、获取精准的"粉丝"服务员、实时获取每箱产品的销售情况,在我看来,这更像是一场降维打击。何为降维打击?大品牌虽有品牌效应,但有全国各地的服务员为李渡酒做品牌推广,推销其产品,李渡酒可快速占领市场,销量猛涨。

第三个场景是"渠道动销+收集经销商数据+建立 B 端账户"。大数据引擎的箱码功能可刺激零售商的开箱率、上架率及商品陈列动作。零售商在开箱的过程中,在箱子内部找到二维码,扫码即可获得奖励,以此提高零售商高频率开箱获取奖励的欲望,从而促使零售商想尽一切办法引导用户尽快购买产品。

比如零售商会更愿意将我们的产品摆放到货架上,为其安排更好的位置,让用户能够快速触达产品,为了尽快卖掉已开箱的产品，它们也会尽可能地向用户推荐。

与上面一样，任何扫码行为都会触发数据回流至品牌商的系统后台，李渡酒业可以掌握经销商的门店数据、经销商画像、窜货情况、产品动销情况和仓储库存等，真正做到管理在线化。

通过以上三个场景可以看出，"一物一码"是一个低成本、高效率的数据抓取工具，让零售商、导购员、用户三者自发地贡献其原生数据、行为数据、交易数据、场景数据等高价值数据。

以往，品牌与终端的沟通是存在断层的，品牌只是知道货卖出去了，至于卖去哪、卖给谁、谁卖了，一概不知。"一物一码"丰富多彩的业态实践，帮助我们实现了渠道交易过程的在线化、可视化、数字化，降低了企业的渠道管理成本和费用截留率，大幅度提升了企业费用精准投放的能力和效率。同时，这让李渡酒业和用户之间实现了有效连接，并且能够与线下经销商、零售商在没有去中间化的情况下参与用户运营，大幅提升了传统供应链的运转效率，将稀缺的市场资源大比例投放到消费端，更好地与用户建立联系并互动，在强化需求的同时，也扭转了过去产品供需失衡的局面，让企业的增长保持可持续。

简单地说，李渡酒业实现了用户数字化、消费行为数据化、商品数字化和四个在线化（用户在线化、产品在线化、员工在线化、管理在线化），以及全链路数据采集、全渠道数据整合、全场景数据赋能。未来，数据资产将是李渡酒业的重要资源。

组织保障：李渡你学不会

沉浸式互动体验营销的"四部曲"和数字化都是显性的，同行学习、效仿比较容易，但支撑这套显性体系背后的是组织运营系统，它是李渡酒业沉浸式互动体验营销的组织保障，"李渡你学不会"。

事为先，人为重。先有业务逻辑，后有组织逻辑。李渡酒业组织模式包含四大维度：组织架构、业务流程、考核指标和业务技能。有什么样的业务逻辑就需要什么样的组织逻辑。李渡酒业开拓了"定义一瓶好酒的组织能力"，这是外人不能轻易看到的地方，在"看不见的水面之下"。

一、组织架构

李渡酒业的区域市场组织架构，共分为两大板块。第一个板块是销售岗位，专职负责网点开发、订单获取、基础客情维护、销售管理等传统的渠道端工作，负责"销"；第二个板块为营销岗位，专职负责活动策划、活动开展、用户的获取和运营、品牌策划和推广、核心终端深度维护等"营"的工作。

在组织层面，我们已经做到了营销分离，这是李渡酒业大量互动体验活动能够执行的基础保障。

二、业务流程

在业务流程层面，李渡酒业实行"让听得到炮火的人做决策"，总部向区域市场充分放权、区域市场中区域经理向主管放权、主管向组长放权。

根据这个原则，我们大部分的活动发起流程、政策发起流程等业务流程，基本上都是从下至上展开。这种业务流程，一方面大大提升了基层单位的积极性，用员工的话来讲就是"干起来更有劲儿"；另一方面又提高了对业务团队的能力要求，这也使得我们的员工获得了更多成长的机会，用员工的话来讲就是"感觉自己不像是一个卖酒的人，比别人更有面子"。

三、考核指标

销售团队的考核指标，充分体现了重过程、轻结果的特点。而李渡酒业销售额连续的高增长，正是对销售团队稳扎稳打的最好回报。

销售回款占30%，以终端的实际进货金额为准；过程动作占到70%，主要有邀请回厂游场次指标、邀请回厂游人数指标、国宝大巡演参与次数指标、品牌分享比拼指标、谢师宴场次指标、用户拉动指标、微信群增加人数指标等，不同级别的KPI不同，并且每月动态调整。

营销团队的考核指标更为细化且每个岗位对应的指标不同。以"场景师"岗位为例，其岗位职责主要有：负责前期深入到三大类目标群体（政府机构、社会团体、社会群体）的各类生活和消费场景中，对各类用户活动进行设计、论证、调研、沟通；根据调研和沟通结果，进行活动策划，并制定活动的具体执行方案；负责管理和指挥相关活动的开展，指导活动执行人员顺利开展相关活动；负责活动开展后对消费用户进行后期运营和管理，制定相关管理制度，根据其岗位职责量化具体的考核指标。

四、业务技能

李渡酒业的技能培训和交流学习工作走到了行业前列,从集团(李渡酒业的母公司金东集团)的年度培训、季度培训、企业间不定期交流,到李渡酒业统一组织的各类培训、交流、会议等,再到各个区域办事处自发组织的内部交流、会议(日会、周会、月会)、技能PK、人人都是品酒师及人人都是讲解员活动等,各个层级都将培训和学习的重要性提升到了战略高度。

以上介绍的就是李渡酒业沉浸式互动体验营销的具体方法论、数字化赋能和组织保障体系。其中,**"四部曲"落地是根本,数字化赋能是关键,组织保障体系是核心**。

沉浸式互动体验营销不仅让我们跳出了行业内的同质化竞争,走出了一条差异化的道路,也让我们从众多酒企中脱颖而出,打造出独属于自己的超级IP。通过实际结果我们可以看到沉浸式互动体验营销给企业带来的效应和价值。

李渡酒业通过8年实践,使近100万高端用户参与沉浸式体验;"李渡高粱1955"与"李渡高粱1975"两款高端大单品被成功推出,"李渡高粱1955"获布鲁塞尔国际烈性酒大赛"大金奖",彰显了光瓶白酒的价值,在局部市场占位高端,产品供不应求,成为中国区域文化名酒倍增发展的模板与典范。2021年,李渡酒业启动上市计划。

当然,相比各项数据和业绩,李渡酒业沉浸式互动体验更大的价值在于未来。

其一,沉浸式互动体验为区域酒厂探索出了一条新的发展模式。在沉浸式互动体验中,至少为地方酒企解决了两大难点——"怎么证明产品的价值"和"怎么传播品牌的价值"。沉浸式互动体验的每一个环节都在暗示用户,"这是真粮食酒,这是有历史的酒,这是有故事的酒"。"李渡高粱1955"售价高用户也能接受,归根到底是因为用户接受了产品价值。而在传播性上,沉浸式互动体验的传播效率一直是被人质疑的,但是我们的体验设计恰恰拥有深体验、强认知、高传播的特点。数据显示,一年有超过10万人参与李渡酒的沉浸式互动体验,自然形成了传播宽度,再加上互联网传播形成了裂变效果,传播力就更强了。

其二,沉浸式互动体验让酒行业回归本质。沉浸式互动体验告别了原有的渠道压货思维,甚至远离了渠道过度营销思维,将品牌、产品的选择权交给用户,由用户来决定企业的市场地位和商业价值。于中国白酒行业而言,李渡酒业打造的沉浸式互动体验营销是正向、勇敢的尝试，对酒水市场是具有积极意义的。

正是因为沉浸式互动体验营销的创新，仅用 8 年的时间，李渡酒业便由一家默默无闻的江西地方酒厂，成长为中国白酒行业的明星企业。如今，面对新目标、新征程，我们要从成功走向更成功的阶段，牢记初心使命，继续开创未来。

03

第三章

聚焦战略：
经营的本质不是做多，
而是做少

聚焦、聚焦、再聚焦。少则得，多则祸。

——河南梦祥纯银制品有限公司董事长　李杰石

身处充满不确定性的时代,传统制造企业的日子不好过,被产能过剩、毛利率下降、现金流紧张、营业额增长幅度下降、行业下行……一系列问题困扰着。

梦祥银是一家银制品制造企业。1993 年,我带领全家 9 个人,以银戒指为主营产品开始创业。从 1993 年到 2022 年,我在经营梦祥银的 30 年里,一直如履薄冰、战战兢兢。2017 年,梦祥银开始出现亏损状况。2020 年,疫情无疑让梦祥银的经营雪上加霜,梦祥银的亏损越发严重,已经到了倒闭的边缘。

面对困境,我们急得团团转,开始深度思考企业的问题所在。为了找到问题的根源,我们对梦祥银的经营状况进行了全面复盘,找到了梦祥银最主要的三大问题。

第一个问题,品牌定位乱。在梦祥银发展的 30 年里,我先后成立过 10 家公司,创立了 6 个品牌,其中有 1 个品牌被市场淘汰了,还剩下 5 个品牌,这些品牌之间没有明显的区隔。

品牌定位乱带来的直接影响是梦祥银的 5 个品牌互相成为竞争对手。为了压制彼此,互打价格战的情况时有发生,有时甚至能在同一个商场内,看到梦祥银的 5 个品牌激烈竞争。对于梦祥银而言,这不亚于左手打右手,最后损失的都是自己的利润。

品牌定位乱带来的更深层次的影响是梦祥银不能让用户感受到品牌的独特性,无法让用户记住。这导致梦祥银无法与用户建立长期稳固的关系,用户很难成为梦祥银的忠实用户。长此以往,梦祥银陷入了内部市场互相竞争、外部市场难以开拓的恶性循环中。

第二个问题,产品库存多。我们认为产品越多越好,产品全才能卖钱。于是大量研发产品,所有款式加起来超过 10800 款。款式多了以后,梦祥银的整个产品战线便被拉长了,企业资金投入巨大。

与此同时,梦祥银对市场的跟踪和监测与下游加盟商之间存在偏差,形成了"市场上没货,仓库里堆成山"的困局。产品都变成了库存,截至 2018 年年底,梦祥银积压了价值 2.2 亿元的库存。

第三个问题,企业没利润。以上两个问题是"因",产生的"果"是梦祥银没有利润，所有的利润都化成了投入和库存。最差的时候，梦祥银连续五年的经营利润都是负数，整个企业军心不稳，士气低落……

这三个问题像三座大山一样压在我的心头，让我喘不过气来。如何走出困境，解决危机，开创梦祥银的未来是我急需解决的问题。

时代的羽翼一经挥动，飞扬而起的不仅是技术的革新、经济的腾飞，还有落在每个企业家身上的危机感。应对危机最好的办法是用具体的行动为企业拨开迷雾。我想到日本管理大师原野说过一句话："在一个唯一能够肯定的东西就是什么都不能肯定的经济世界里，保持竞争优势的唯一源泉是知识。"

机缘巧合之下，我带着企业的高管团队走进了行动教育的课堂，希望通过知识改变自己的认知，获得救梦祥银于水火的方法，改变企业的未来。

在行动教育李践老师的"赢利模式"课程现场，我们记住了一组词：**聚焦、聚焦、再聚焦。少则得，多则祸。**回到企业后，我们便开始按照李践老师所讲的集中资源，将业务做到 1 米宽、10000 米深，大刀阔斧地开启了梦祥银的聚焦战略。

聚焦大用户：20%的用户创造80%的利润

几乎所有的经济活动都受"二八法则"支配，在企业中最突出的表现便是20%的用户创造了80%的利润。大用户往往会给企业带来大订单，而大订单带来高利润。

很多企业没有抓住商业的本质与规律，总以为用户越多越好，产品越多越好，员工越多越好。就是这个"多"字让企业把80%的时间和资源花在了不赚钱的产品、贡献较少的用户和员工身上。要知道，企业任何资源的使用都是有成本的，当企业为小用户投入80%的资源，却得到20%的产出时，结果是20%-80%=-60%。

商业的本质是什么？**商业的本质不是做多，而是做少**。在用户经营上，企业的首要问题是选择问题——我们要抓住大用户！抓住大用户，聚焦大用户，这是业绩增长的第一步，被行动教育打通了"任督二脉"的梦祥银开启了聚焦大用户战略。

一、谁是大用户——用户分类

聚焦大用户战略的第一步就是找出谁是梦祥银的大

用户。为此，我们调集全公司所有的精兵强将，组建了大用户部。大用户部的首要任务是给用户分类，找出大用户。

如何分类呢？梦祥银主要通过**价值筛选**来分类。

我们按照用户的历史贡献，把用户分成A、B、C、D四大类，即A级标杆用户、B级大用户、C级用户和D级用户。如何评价用户的价值？我们主要考察的是用户的销售数据。

大用户部梳理了梦祥银的近5000个加盟商，其中825个加盟商的销售金额占梦祥银总销售金额的73%，这825个加盟商占加盟商总量约为18%，这完全符合销售中的"二八法则"，即20%的用户提供了80%的销售业绩。这825个加盟商就是梦祥银的大用户，也就是B级用户，这些用户贡献的年销售额都在100万元以上。

一切事物都有其本质：抓蛇抓七寸，牵牛牵鼻子。放牛人的力气不如牛，为什么能牵住牛，让牛跟他走？因为他牵住了牛鼻子，牛鼻子是牛身上最关键的1%。经营企业也是一样，如果找到了关键的1%，剩下的事情将水到渠成。反之，如果只抓住牛尾巴，即使用尽全身力气，也无法将牛牵走。

所以，仅仅梳理出20%的大用户还不够，我们还需要在 825 个大用户中梳理出关键的 1%。梦祥银对 825 个用户再次进行梳理，找出贡献年销售额在 300 万元以上的用户，共有 400 个。对这 400 个大用户还要再区分，梦祥银梳理后得出其中贡献年销售额在 500 万元以上的用户有 40 个。这 40 个用户就是梦祥银的 A 级用户，即标杆用户，他们占所有用户数量的 1%，却贡献了 22% 的销售额，是梦祥银关键的 1% 用户。

C 级用户贡献的销售额居中，他们对产品价格很敏感，这类用户创造的利润往往偏低。不过，通过再造用户关系，企业有可能将 C 级用户转化为 A 级或 B 级用户。

D 级用户贡献的销售额低，消费量也很小，是企业的微利或无利用户，这类用户就像是鱼塘中的"小鱼"，对企业的价值很小。

经过多次区分和取舍后，梦祥银梳理出四类用户，如表 3-1 所示。

表 3-1　梦祥银用户分级分析表

级别	年度销售额	用户数量	用户数量占比	销售额占比
A 级用户（标杆用户）	500 万元以上	40 个	1%	22%
B 级用户（大用户）	300 万~500 万元	360 个	8%	28%

(续)

级别	年度销售额	用户数量	用户数量占比	销售额占比
C级用户	100万~300万元	425个	9%	23%
D级用户	100万元以下	3870个	82%	27%
合计		4695个	100%	100%

二、如何做好大用户服务——建立标准化的大用户服务体系

企业的资源是有限的，尤其是中小型企业，资源越少，就越要花在刀刃上。找出大用户和标杆用户后，服务好他们，做好用户管理是关键。为此，梦祥银建立了标准的大用户服务体系，主要体现在两个方面。

一是政策倾斜，"讨好"大用户。

中国东方航空（简称"东航"）发行过一种白金卡，发卡对象是东方航空的顶级VIP，也就是其大用户。只要是持有白金卡的用户，可以免费享受国内无限次升舱、国际每年4次升舱、专车摆渡、超额行李免费、额外积分累积等权益。也就是说，哪怕白金卡用户只购买了经济舱机票，东航也会无偿为其升级为头等舱。

不仅如此，持白金卡的用户，任何时候都会在东航得

到最高待遇服务。在白金卡用户的座位上，毛毯、枕头、拖鞋、水、报纸等用品摆放得整整齐齐，连小桌板都被擦得锃光瓦亮；在白金卡用户进入机舱后，乘务长会第一时间端着热毛巾和饮品上前问候，询问用户是否需要这些物品，并在整个航行过程中，格外关注白金卡用户的感受。

为什么东航要推出白金卡？因为它们要对大用户做资源倾斜。资源倾斜的目的是"讨好"大用户，感动大用户。因为大用户就是东航最关键的"牛鼻子"。所以在资源配置上，企业必须为大用户进行资源倾斜，建立特殊标准，提供最优质的服务。

梦祥银为用户提供了定制的服务，通过企业的资源倾斜，为大用户营造独一无二的体验，让大用户清晰地感受到：我和别人不一样。梦祥银给予大用户更优厚的区域保护政策，比如每年业绩达到 800 万元的大用户所在的区域不允许发展其他加盟商，将市场全部分给大用户，保障大用户的利益。

在利益驱动与业绩要求的双向促进下，这些大用户采取了一系列举措，提高业绩，如开设分店、做促销活动、进行员工培训等。最终，有 11 个大用户主动升级，每年贡献的销售业绩超过 1000 万元。

大用户自带光环，具有一定的广告效应，梦祥银在与大用户合作时，也变相地为梦祥银进行了宣传和推广，带动了其他 360 个业绩超过 300 万元的用户，主动将业绩做到了 500 万元，升级成大用户，梦祥银大用户的体量持续增加。

二是 A 级员工服务 A 级用户。

在人才的配置上，梦祥银让最好的人才去服务最有价值的用户。在梦祥银，只有副总经理及以上级别的管理层才可以服务 A 级用户。剩下的 B、C、D 级用户则分别由市场总监、省区经理和业务员服务。如表 3-2 所示为梦祥银员工分工服务表。

表 3-2 梦祥银员工分工服务表

级别	年度销售额	服务员工级别
A 级用户（标杆用户）	500 万元以上	副总经理
B 级用户（大用户）	300 万~500 万元	市场总监
C 级用户	100 万~300 万元	省区经理
D 级用户	100 万元以下	业务员

通过聚焦大用户战略，梦祥银很快解决了企业没利润的问题，2020 年疫情期间的三个月，在所有业务人员都没有出差的前提下，梦祥银的大用户主动向总部回款，回款金额超过 1 亿元。这在以前是根本不可能发生的。

聚焦尖刀产品：从"挖沟"到"钻井"

"产品库存多"这一问题由来已久，不是一朝一夕产生的。

用户问："李总，你们有没有银手镯？""有！"

"你们有没有银戒指？""有！"

"你们有没有宝宝银锁？""有！"

"你们有没有银项链？""有！"

"你们有没有爱心款式的银项链？""有！"

……

只要用户敢问，梦祥银就会研发，就会生产。这些都是用户的需求，梦祥银过去恨不得包揽所有市场，研发更多产品。银制品的用途十分广泛，并且每样都可以研发出无数款式，于是公司每年都要增加新的产品线，产品也从几十款增加到10800款。

整个梦祥银，都在不断强调增加产品、增加投入，企图通过产品的多元化把量做大。然而企业的时间有限、资源有限，产品线越长，越容易被拖垮，虽然产品的种类越来越多，但库存也越来越多，利润也越来越薄。这正是梦祥银连续5年亏损的根本原因。

靠产品的多、全、广来占领市场,就如同横向挖井,本身就是一个悖论。要想从井里打出甘甜的水,只有不断向下深挖。深挖产品的价值,以此吸引用户,再通过老用户的复购和转介绍积累量,最终积沙成塔。

为了改变这一困境,我们借鉴了钻井模型(见图3-1),开启了**聚焦尖刀产品战略**,砍掉了产品的"多"和"乱"。

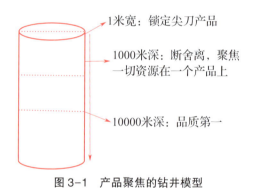

图3-1 产品聚焦的钻井模型

一、1米宽:锁定尖刀产品

企业不可能将所有产品都做成"招牌菜",必须缩小边界,锁定1米宽的井口,找到那个"一"。那么,一万多款产品,究竟哪一款才是尖刀产品呢?我们采用了李践老师在盈利模式课程上讲解的"四眼看天下"工具。

第一眼：看产品——收入和利润率

如果企业不知道哪款产品是自己的尖刀产品，可以遵循一个最朴素的原则：哪款卖得好、利润高，哪款产品就是"牛鼻子"。用户选择产品不是盲目的，企业里卖得最好、利润最高的产品，一定是最能满足用户需求、给用户提供价值的产品。产品卖得好，证明销售规模大；产品利润高，代表核心竞争力强。

通过分析产品收入和利润率数据，梦祥银发现银手镯的销售额和利润率遥遥领先，是梦祥银的 A 级产品。

第二眼：看用户——复购率

光是银手镯，梦祥银就有 3000 多款。从这 3000 多款中再次进行筛选，梦祥银考察了银手镯的复购率，选出了复购率最高的 100 款银手镯。

复购率是测试用户对产品认可度和忠诚度的重要指标，产品复购率越高，说明与用户的联系越紧密，越能得到用户的认可和信任。复购率高的，自然也是梦祥银的 A 级产品。

第三眼：看对手——差异化

在挑出的 100 款产品中再如何筛选？看企业的竞争对手，也就是看梦祥银的这 100 款 A 级产品，竞争对手做到了什么程度，看这100款产品中哪些是竞争对手没有的或是做得不够好的。如果竞争对手的产品已经做得非常完美，市场接受度非常高，那么企业再用同样的产品去竞争，肯定会被打得落花流水。所以，尖刀产品需要避开市场上的强劲对手，与行业标杆错位竞争。

市场上的银手镯，常用鱼、孔雀、祥云等图案雕刻，对于这些款式的银手镯，其他竞争对手已经深耕多年，排除掉这些竞争对手已经拥有竞争优势的产品，只剩下几款具有梦祥银特色的A级产品。

第四眼：看趋势——未来价值

在这几款A级产品中再聚焦，如何选出唯一的尖刀产品？企业还需要对这个产品的未来价值进行评估。

在银手镯市场中，年轻消费者近年来异军突起。符合年轻人的审美、具有潮流特色的产品，才是能在未来帮助企业开拓市场的关键。抓住这一点，梦祥银挑选出一款符合年轻人审美的满天星纯银手镯。这款手镯的设计简约、时尚，打上"送女友""送闺蜜"等标签，能在市场上迅速开辟道路。

通过"四眼看天下"，梦祥银找到了AAAA级别的尖刀产品——满天星纯银手镯。

二、1000 米深：断舍离，聚焦一切资源在一个产品上

企业锁定了一款尖刀产品后，剩下的产品怎么办呢？断舍离，该卖的卖掉，该砍掉的产品线砍掉。

为什么要断舍离？就是为了集中所有的人力、物力和财力到尖刀产品上，将这口井打到 1000 米深。企业的资源和时间是有限的，一定要集中所有力量到尖刀产品上，利出一孔，万箭齐发。

管仲在《管子·国蓄》中提到，利出一孔者，其国无敌；出二孔者，其兵不诎；出三孔者，不可以举兵；出四孔者，其国必亡。企业如果只有一款尖刀产品，那么所有人都会集中精力做好这一款产品。产品越多，反而漏洞越多。

思索再三，梦祥银决定集中所有资源主攻尖刀产品，砍掉剩下的一万多款产品。经营企业，做加法简单，梦祥银每年都可增加数百款产品；做减法难，砍掉任何一款产品，都会有人不满。

在提出砍掉剩下的产品时，梦祥银内部出现了反对的声音，几乎所有人都不同意。产品总监和生产总监认为这样做过于武断，他们说："梦祥银的每个产品都是我们精心

设计过、研究过的,也都对企业有过贡献,能不能换个办法,这样将会影响生产产量。"

产品研发部门则认为,每一个产品都带着温度,都是他们的"孩子",砍掉这些产品,就犹如砍掉他们的"孩子"。我反问道:"很多产品已经在仓库里放了两年、三年,如果这是你们的'孩子',你们会让'孩子'这么久都不出门吗?"

但众人依旧认为这些产品有销售出去的机会。销售副总提出,给他一段时间,他一定将这些产品卖出去。几个月后,滞销的产品依然滞销。销售副总又申请降低这些产品的价格,以将其销售出去。但这显然不是一个明智的选择。我告诉他:"降价销售,不是在保护品牌,而是在损害品牌,是在拉低这个品牌的维度。一旦这些产品降价流入市场,以后梦祥银的产品在用户心中就只值这个价了。"

这是许多企业在做减法时遇到的问题,这是一件难而正确的事情。但再难也得做,要做真正为企业贡献价值的事情,如果全凭个人喜恶行事,企业将难以生存。最后,梦祥银大刀阔斧地砍掉了一万多条产品线,将两万多件产品下架,只留下了满天星纯银手镯和其他几款 A 级产品。

三、10000 米深：品质第一

如果企业已经执行了钻井模型的前两步，做到了 1 米宽、1000 米深，但依然没有什么起色，就应当再向下挖，挖到 10000 米深。

梦祥银在执行了前两个步骤的三个月后，得到的结果超乎所有人的想象，满天星纯银手镯销量突破了每月 10 万件。单品月销量突破 10 万件，无论在哪个行业，都是当之无愧的"爆品"。

这又带来了另外一个问题，满天星纯银手镯的成功，很快引来了竞争对手，市场上出现了许多模仿这款手镯的产品。事实上，这也是井挖得不够深的原因。要想无法被竞争对手模仿，还要再向下挖井，挖到 10000 米深，此时井里的出水量将远超竞争对手，成为企业的"护城河"。

为什么叫"护城河"？因为 10000 米深是其他企业无法达到的深度，当它们挖到 100 米深时，市场早已被占领，竞争对手只能"缴械投降"。10000 米深，打造的是产品的核心竞争力，是要做到品质第一，做到其他人无法模仿和超越。

在挖到 1000 米深时，企业很容易遇到品质的"岩石层"，这一层非常坚硬，很难被突破。但一定不能放弃，否则就变成了"差不多先生"和"马虎小姐"，相当于半途而废，尖刀产品很快也会"泯然众人矣"。

我们决定向下深挖，于是快速做了三个动作，打造了尖刀产品的竞争壁垒。

第一个动作：制定高标准，提升行业竞争门槛

在银制品购买上，用户最担心的就是品质出现问题。虽然市场上的每款银制品都配有相应的证书，但证书是否真实可信，仍然有待考察。

首先要保证产品为百分百纯银，避免出现假冒伪劣产品。针对这一点，梦祥银邀请河南省质监部门派专人到梦祥银成立实验室，现场跟踪检查梦祥银产品的制作，确保梦祥银的每一款银制品都是足量纯银，之后再开出质检标签。

其次，梦祥银邀请了第三方权威机构对每件产品进行验收，给每一件产品印上合格证书，通过合格证书上独一无二的编号，用户能够在网络上搜索到产品的克数、名称等信息，借此告诉用户"你购买的产品是正品"。

如此一来，梦祥银的产品在品质上成为行业超越不了的存在，从梦祥银随便拿一个产品到国家质检中心检测，银含量都是超标而不只是达标。

第二个动作：提升产品工艺，提高行业竞争成本

梦祥银邀请了五个国家级银制品工匠大师参与产品制作，每位大师负责一款产品的打造，将这款产品做清、做透，以确保产品品质领先。

很多企业都能做银手镯，哪怕是只有几个人的小作坊也能做。但国家级大师的制作工艺，只有梦祥银才有。虽然这提高了产品的生产成本，但却进一步保障了产品品质，令竞争对手望而却步。

第三个动作：专研品质，持续学习、反省、改进

许多企业经营者认为品质的标准是静态的，实际上完全相反，品质的标准是动态的，品质的标准必须不断提升，这个过程永无止境。要想把控产品品质，持续迭代是必需的。梦祥银邀请的国家级银制品工匠大师，以及其他的产品研发人员，要不断对尖刀产品进行优化升级，保证产品品质时刻走在行业前列。

这三个钻井动作执行下来，梦祥银很快扭亏为盈，通过聚焦尖刀产品，梦祥银很快解决了产品库存多的问题，在两年内将 2.2 亿元的库存降到了 1.1 亿元，将 1 亿多元库存变成了实实在在的收益。

开创：
企业创新谋变的 10 个法则

聚焦品牌：从品质第一走向品牌第一

尖刀产品之所以所向披靡，能迅速占领市场，是因为企业把品质做到了第一。接下来，梦祥银要想做到中国第一，不仅要把品质做到第一，还要解决品牌第一的问题。为什么？因为尖刀产品此时在用户心中只是一件产品，他们只能看到这一件产品，看不到产品背后的梦祥银品牌。

品牌是什么？是知名度、美誉度和忠诚度。品牌要有穿越周期的能力，品牌存活的时间越长，用户对企业的信赖程度就会越高，对企业的黏性就越大。品牌的价值不仅体现在产品的服务、功能或技术上，更体现在超越这些外在表现的深层情感上。如果品牌能够定位于强大的信仰，在情感层面锁定用户，才能创造更高的复利价值。

因此，仅仅将产品的品质、功能或服务做到极致是不够的，要打造深入人心的品牌，企业还要持续聚焦钻井，赋予产品一些看不见的价值：文化、信念、信仰、价值观。

这不是一件简单的事，这意味着企业家要把品牌做得具有温度和灵魂。企业做到这个程度，才能从品质第一走向品牌第一。为了打造品牌，梦祥银做的第三个动作就是聚焦品牌战略。

一、以民族文化为品牌根基

任何一个品牌都应当有其根基，通过这个根基向上发散，创造出区别其他品牌、彰显独特魅力的品牌故事。如果缺少品牌根基，品牌故事就会没有支撑，品牌也就无法长久、稳固地发展。

我是土生土长的河南人，长期受中原文化的熏陶，在过往一锤一锤锻造银制品的过程中，产生了强烈的民族文化认同感。在日本大渊银器参观时，我非常诧异——大渊银器的一把银壶，竟然可以卖出一栋楼房的价格。

在我看来，银制品的打造起源于中国，在中华大地上传承了3000多年，一定是傲视世界的存在。因此，梦祥银确立了以民族文化为品牌根基的品牌发展路线，希望依靠自身努力，将民族文化通过银制品展现给全世界。

在确认了这一路线后，梦祥银将原有的5个品牌砍掉了4个，只留下了梦祥银这1个品牌，寓意"做梦都想给人带去吉祥"。

二、"三名"全方位提升品牌价值

银制品背后承载的是中华民族对于美好生活的希冀,如何能让银制品彰显中华文化呢?在这一点上,梦祥银进行了巧妙构思和大胆创新,将国家级非物质文化遗产——景泰蓝和梦祥银银器相融,构筑了具有独特风姿的特色产品。在此过程中,梦祥银采用"三名"全方位提升品牌价值。

第一是**名师**。

景泰蓝是我国著名的特种金属工艺品之一,属于国家级非物质文化遗产,以悠久的历史、典雅优美的造型、鲜艳夺目的色彩、华丽多姿的图案、繁多的品种造型著名。景泰蓝的做法,是在铜质的胎型上,用柔软的扁铜丝捏成各种花纹焊上,然后把珐琅质的色釉填充在花纹内烧制而成。而银胎的硬度比铜胎小,在变形的情况下很容易碎掉,所以很难在银胎上填充色釉。将这个工艺运用到银制品上,用银胎打造,由于技术难度大,从未有人实现过。

梦祥银找到中国工艺美术大师刘永森先生,向其传达了自己的想法。刘永森先生曾经将玉器与景泰蓝巧妙结合,听到这个想法,他的眼睛一亮,表示愿意一试。

经过5年的研发,耗费1000多万元,刘永森先生与其团队，终于成功地在银胎上打造出了景泰蓝，制造工艺足有108道。随后，刘永森先生及其团队成功打造出花丝景泰蓝系列茶具。这套茶具不仅拥有景泰蓝富丽堂皇的特征，还兼具银器精美华贵的气质；既能用于日常生活，也是不可多得的收藏品。

第二是**名人**。

梦祥银聘请了舞蹈家杨丽萍担任梦祥银的形象代言人，借助杨丽萍老师的名气，梦祥银很快建立起了品牌知名度，在品牌与杨丽萍老师之间塑造美好的联想，吸引了用户的关注。

同时，杨丽萍老师自身的形象和气质与花丝景泰蓝系列茶具十分相符——美丽、优雅、神秘。邀请杨丽萍老师做代言人，将杨丽萍老师的人格形象投射进品牌中，使得梦祥银品牌更具立体感和人格魅力。许多喜欢杨丽萍老师的用户，将对她的喜爱延伸到花丝景泰蓝系列茶具上，一时间茶具大受欢迎。

第三是**名片**。

在花丝景泰蓝系列茶具推出后，梦祥银进行了广泛传播，在网络、电视等多个媒体上进行了宣传，进一步扩大了梦祥银的品牌知名度。很快，梦祥银打造的景泰蓝茶具被河南省博物馆收藏，荣获河南省"名片产品"称号。

名师、名人和名片，让梦祥银景泰蓝系列产品在行业里掌握了定价权，成为市场上独一无二的存在，品牌价值迅速提升。品牌价值的提升也解决了梦祥银品牌定位乱的问题，梦祥银的品牌形象逐渐清晰。

在执行了三大聚焦战略后，梦祥银发生了巨大改变，5个银饰品牌聚焦为梦祥银这1个品牌；10家公司精简为1家公司；砍掉1万多款产品，聚焦尖刀产品，尖刀产品单月销售量突破10万件；消化库存1亿多元；由亏损转化为净利润1000多万元，如图3-2所示。

图3-2 梦祥银执行聚焦战略前后对比

虽然成绩斐然，但这不是梦祥银的终点，要想持续黏住用户，必须持续聚焦、专研、改进，这条路没有终点。

梦祥银的三大聚焦战略验证了一个事实：经营的本质不是做多而是做少。"大散乱"的经营策略在任何企业都不适用，企业需要精准锁定自己的用户、产品和品牌。

第四章

管理创新：
餐饮企业经营的"梅花宝典"

火锅是"熬"出来的，
人生是"熬"出来的，
伟大也是"熬"出来的。

——刘一手品牌创始人　刘　梅

刘一手创立于2000年，在深耕火锅行业22年的时间里，先后创建了"刘一手火锅""刘一手心火锅""六十一度老火锅""流口水小面"等多个品牌；荣获了"中国餐饮百强企业""中国火锅十大品牌""中国火锅代言品牌"等诸多荣誉奖项；连续14年跻身"中国餐饮百强企业前10强"，2020年排名"中国饭店协会火锅企业20强"第4名，年创总收入超过37亿元。现已成功囊括了餐饮管理、火锅特许经营、火锅产品研发、底料食品生产、国际餐饮拓展、火锅商学院、餐饮人才培养及餐饮互联网数字化平台等多个领域，成为拥有三大现代化底料生产基地及数十家全资或控股子企业的国际化餐饮连锁集团。不夸张地说，刘一手已经彻底走出了家族企业的发展困境，成为享誉中外的火锅巨头。

大音希声，大象无形。看似"普通"的企业却一点儿

第四章 刘 梅
管理创新：餐饮企业经营的"梅花宝典"

也不"普通"，看似简单的火锅店，蕴藏着经营的大学问。

李践老师曾提到这样一件难忘的事：他去加拿大看望留学的孩子们，七天里有三天都去了刘一手火锅店吃饭。他说："20年前我去国外，想吃到中餐很难，如果想吃火锅那就是做梦。现在我们的梦想成真了。在火锅店，虽然外面的天气很冷，但我们心里很暖。我看到了孩子们身上有中华文化的烙印，体会到了阖家团圆的幸福感。刘一手不仅是火锅店，它是世界了解中国的窗口，是中华文化的传承，是家庭爱的港湾。"

让李践老师记忆犹新的刘一手火锅店，就是我与哥哥刘松创立的。创立之初，我们是家族企业。所谓家族企业，是一种基于血缘、亲缘、姻缘基础的企业形式，在当今市场经济环境下普遍存在。在我国400多万个餐饮网点中，98%以上属于民营餐饮业，其中90%以上是家族企业。餐饮业进入难度小、竞争激烈，再加上家族企业的一些弊端，使得餐饮企业的平均寿命往往不到3年。然而，商业奇迹往往发生在看似不可能的地方。

为了从家族式管理走向模式化管理，我和哥哥走进清华大学，和清华大学的老师一起探讨餐饮企业的管理模式。2016年，我们引进了当时最先进的管理模式，并转化成刘一手自己的管理模式。在这一年，刘一手真正拥有了一套自己的管理模式，我们把它形象地称为经营企业的"梅花宝典"。

"五颗心"：开创火锅品牌的底层逻辑

在充满不确定性的时代，每个企业都不容易。据企查查平台上的数据显示，2021年关店的餐饮店超过100万家……在"寒冷化雪"期，有人选择离场，有人选择拥抱时代，励精图治，开创未来。

刘一手属于后者。

不管是在创建刘一手的过程中，还是在如今餐饮行业面临危机之时，我们都逆流而上，挺过来了。探寻开创未来的秘诀，离不开我们始终坚守的"五颗心"。这"五颗心"是我们在摸爬滚打中总结出来的人生信条，也是我们应对企业难题时的解药，更是我们开创"刘一手"品牌的经营宝典之一，它是刘一手经营的底层逻辑。"五颗心"分别是：初心、进取心、平常心、敬畏心和感恩心。

一、初心

第一颗"心"是初心。

第四章 刘梅
管理创新：餐饮企业经营的"梅花宝典"

每个企业经营者在创立企业时，都会有自己的初心。比如李践老师创立行动教育的初心是用实效改变教育……仔细观察，我们会发现每一个企业经营者创立企业的初心大多与自己的经历有关。创立刘一手的初心也与我的人生经历有着莫大的关系。

我的人生经历很丰富，年轻时孤身一人到北京打拼，依靠着自身顽强拼搏的精神，在台资企业中连续获得"销售女神"的称号。当我在北京的工作发展蒸蒸日上时，突闻噩耗——哥哥刘松投资的煤窑不幸塌方，不仅血本无归，哥哥还因为车祸永远失去了左手。嫂嫂有孕在身，哥哥又落下残疾，家里愁云惨淡。变故催人成长，我仿佛突然感受到了肩头的责任：哥哥出事，我就是家里的顶梁柱，我要拯救这个家。

为了帮助哥哥走出阴霾，找回自信，我和哥哥商量了很久，想到了餐饮这一行门槛最低，上手也快。2000年12月1日，我们一起在重庆市九龙坡区科园三街创建了首家重庆刘一手火锅，因为哥哥失去了一只手，"刘一手"的名字也由此而来。

我们当时创立刘一手的初心只是想经营好自己的"小家"，只是随着我们的认知提升，后来才有了成就"大家"的初心。但就是这样小小的初心，才是决定刘一手的关键生命力，决定我们能走得更远、更高。

因为怀揣经营"小家"的初心，在企业管理的过程中，我们才能以纯正之心管理企业。换句话说，我们经营企业的中心点始终都是"如何在企业内部建立家人般坚固、互信的人际关系"。一个企业的终极目标决定着它对人、对事的态度，如果企业不在乎员工，只关注如何赚钱，就很难建立起一个坚强有力的组织。我们不希望如此，我们更希望将员工利益与企业目标统一起来，为员工提供良好的发展平台，这样才能为用户提供安全放心的食材与可靠的就餐环境。

我们所追求的纯正之心，是面对员工的仁爱之心、面对合作伙伴的利他之心以及面对社会的回报之心的三者融合。这份初心被我们融入企业管理之后，帮助我们建立起了企业与员工、企业与社会的相互关系，最终形成了刘一手自己独具特色的经营哲学。

企业经营者创立企业的初心，决定着企业能走多远。这份初心就是所有建筑都不可或缺的地基，即便是不懂建筑的人也明白，地基不稳的建筑即便再辉煌、宏大，也难逃覆灭。初心不纯的企业，就像是因地基不稳而左右摇摆的建筑，倒塌是迟早的事。

刘一手创立的初心不是成为世界 500 强之一，也不是一定要在特定领域里独占鳌头。我们希望为社会发展做出能力范围内的最大贡献,我们想成为让世界变得更美好的企业,让更多的用户获得更好的消费保障。

二、进取心

第二颗"心"是进取心。

经营企业如逆水行舟,甘于现状往往就意味着退步,随时有被他人超越的可能。企业经营者要时刻保持进取心,并用积极的思维方式看待问题,向新事业发起挑战。

在经营刘一手的过程中,我们遇到过无数危机与挫折。刚开始创立刘一手时,哥哥刘松半夜就起来炒料,早上卖早餐,中午炒菜,晚上卖火锅;我下班后便来帮忙,收银、对账……样样都干,刚开始刘一手的生意非常不好,有人说刘一手开不过3个月,我非常忐忑,但靠着周围居民的帮衬,我们勉强撑了过来。但接下来的问题是,夏天就要来了,重庆被称为"火炉之城",如果店里没有空调客人就会离开,但彼时我们手上连买空调的钱也没有。

为了不让刘一手倒闭,我们用心做菜,每一道菜都倾注了无尽的心血,从选材到洗、炒等,每一个流程都是我们自己把控。再加上我们做生意实诚,店里的回头客越来越多，店里的生意也一天天红火起来。两个月后，我们店从只有两三桌客人到门庭若市。那时候，我们没有使用什么营销方式，也不懂什么经营技巧，纯靠味道和食材留客。

2001年，我们认为成都的火锅市场有机会，便决定到成都试水开店。彼时成都还不是现在的餐饮风云之地，火锅更多是街边的小生意，大多数火锅店装修很差，菜品、锅底用料也不讲究，但消费价格却很贵。

由于有了前面开店的经验，我们在装修店面时，想做出差异化，把每个店的风格都装修成不一样的，有中式风格、异域风情，也有现代时尚风格。突然冒出了一家环境这么好的火锅店，刘一手自然吸引了众多食客光顾。而且我们还决定，不把装修费用加在菜品价格中，大众消费的价格比成都本地火锅市场平均消费价还低了一级。

一流的环境加上菜品便宜、好吃实惠，刘一手在成都迅速蹿红，一发不可收拾。企业也就此步入了快速发展期，到了2010年，我们已拥有了500余家门店。

2009年春节，我到迪拜旅行，我发现这里虽然有10万名中国人，但却没有一家像样的中餐店，更没有一家火锅店。这时，我的头脑里突然萌生了一个大胆的想法，我的机会来了，刘一手的机会来了——我要把中华美食带到国外，开创一个中国火锅品牌的先河。

第四章
管理创新：餐饮企业经营的"梅花宝典"

说干就干，在团队的共同努力之下，2010年10月1日，就在国庆节当天，我们的第一家海外分店——刘一手迪拜店开业了。我清晰地记得，当时在往迪拜运输货物时，我亲自准备了一面五星红旗，特别叮嘱店长在开业的那一天要把五星红旗插在迪拜店的门口。

而海外火锅店创立的兴奋劲儿还没过多久，就遇到了我们人生中的第一场官司。起因是我们不懂国外门店的管理以及法律法规，没有规范化地管理迪拜店，结果导致迪拜店的经理私吞财产，并想夺走刘一手的经营权。

当时，我在迪拜的酒店住了三个月，跑遍了迪拜的警察局、劳工部、法院，在我的坚持下，历经5年时间，终于赢得了官司，夺回了刘一手的经营权。

迪拜的这场官司，给了我和团队深深的启发，要想把品牌开创到海外，光靠冲劲是不够的，我们必须依靠科学的管理方法才能使刘一手走得更远、走得更好。我们认真总结了迪拜店经营的得失，归纳了开创国际市场的痛点、难点，并成立了刘一手国际公司，组建了四大海外分公司，迅速拓展其他国家和地区的市场。

依靠着一颗进取之心，通过不断的努力，在接下来的几年里，我们在全球创立了58家分店，遍布美国、加拿大、法国、西班牙等15个国家，并在国际上荣获多个排名第一的头衔。

当然,在经营刘一手的过程中,我们还遇到过很多困境,比如商标使用权的纷争、新加坡店的惨痛经历等。遭遇的种种危机,都没能打败我们,而是激发了我们骨子里永不服输的进取心,也许正是这种不服输的进取心与肩负着全球无数刘一手人梦想的责任,才让我们一路披荆斩棘,练就了淡定从容与博爱天下的心境,让企业不断发展,成长为如今享誉全球的火锅品牌。

三、平常心

第三颗"心"是平常心。

刘一手在深耕火锅行业 22 年的时间里,有了诸多行业成绩,很多人说我们成功了,但我和哥哥却不认为现在的自己有多成功,我们一直保持着一颗平常心,耐下心来做一个真正的中国好品牌。

无论外界环境如何严峻,我们都要保持平常心,通过科技和创新为我们的用户、商户和社会持续创造价值,要始终遵循商业规律,坚持做正确的事情。以一颗平常心去做事,通常都会有好的结果。

保持平常心最重要的途径就是打消预期或成功带来的

束缚，聚焦当下。在**因上努力，果上随缘**。果从因生，因再加上缘，条件具足，才能生果。世间凡事皆有因果，如果还未成功，那只能说明还需要在因上继续努力。如果执着于结果，就会患得患失，失了平常心，就会令企业失去方向感。所以成大事者：一心耕耘，不问收获。

四、敬畏心

第四颗"心"是敬畏心。

古人言：畏则不敢肆而德以成，无畏则从其所欲而及于祸。人如果没有敬畏之心，便会变得无所顾忌，为所欲为。

南宋理学家朱熹在《中庸注》中说："君子之心，常存敬畏。"也是告诫我们，应当常存敬畏之心。敬畏，其实就是我们对待世间万事万物的一种态度。敬为"尊敬"，畏为"畏惧"，合在一起是因尊敬而畏惧。**一个人、一家企业只有心存敬畏之心，才会走得远、走得稳。**

作为企业经营者，我们要敬畏天地，敬畏生命，敬畏自然，敬畏规律，敬畏道德，敬畏法律，敬畏良心。只有敬畏这些，我们才会有坚定的信仰，才会知道什么可为而什么不可为。

特别是对于餐饮企业来说，做出来的产品是用户要吃进肚子里的，我们更要有敬畏之心，摸着良心做事，方能行有所止。敬畏食物才能不断生产出卓越的菜品；敬畏用户，才能永存感恩之心。

举个例子，在敬畏食物上，我们明白，一旦食品安全出问题，刘一手可能明天就会关门，它是企业的"生命线"。为了抓好这条"生命线"，我们努力打造了全产业链生态食材和全方位火锅解决方案。企业先后建立了重庆名师汇食品有限公司、重庆红三城食品科技有限公司、湖北新力大风车现代农业科技有限责任公司、遵义大师汇火锅底料有限公司，构建了一条从田园到餐桌的全产业链生态食材体系，为区域经济提升、农民脱贫、解决就业做出了巨大贡献。同时建立了大宗原材料基地，原料食材在田间地头便得到品质控制，每一种食材都可以溯源，保证用户吃到的都是绿色健康的食品。

五、感恩心

第五颗"心"是感恩心。

作为一家民营企业的经营者，我们要在努力经营好本企业的同时，主动承担起社会责任，关注民生，关注社会，

第四章 刘 梅
管理创新：餐饮企业经营的"梅花宝典"

以感恩之心回馈社会大众，勇于承担社会责任，增强创新能力和核心竞争力。

在经营刘一手的过程中，我们一直心怀感恩之情。感恩国家制定的好政策，让我们从一个不知名的普通人成为企业经营者；感恩父母，孝是一个人最基本的感恩心，一个人如果连他的父母都不孝顺，不感恩，怎么可能会对合作伙伴、团队、朋友好；感恩员工，很多员工与企业风雨同舟，患难与共，有他们的劳动付出，才有企业的现在以及未来；感恩用户，他们的信任与选择，才成就了现在的刘一手……

稻盛和夫说："一个能够把企业经营得有声有色的人，都是能够给用户带来更大利益的人。"能够用这种态度经营企业的人，也能够给自己的企业带来更多的商业机会，带来更丰厚的利润。我们认为，一个伟大的企业经营者，一定不是一个以自我为中心的人，当他为员工、用户、社会着想时，拥有利他思维，他就已经走在了成功的路上。

以上就是我们经营企业一直坚守的"五颗心"，也可以说是优秀企业家要修炼的"五颗心"，正是因为有了这"五颗心"，我们才能在面临困境时自强奋进，刘一手最终才能在众多的火锅品牌中突破重围、独树一帜、开创未来。

同时，这"五颗心"也教给我们为人处世之道，并为我们的心灵注入满满的正能量。

企业管理有三个阶段：**小企业靠感情，中企业靠制度，大企业靠文化**。火锅业务只是刘一手发展过程的外在呈现，文化才是刘一手发展壮大的根基。基于"五颗心"，我们提炼出自己的企业文化——使命：重庆火锅、全球传播、一手引领；愿景：中国火锅产业文化全球传播第一平台；核心价值观：富强、敬业、友善。"富强"是说刘一手要让员工富足、企业强大、合作伙伴富有；"敬业"是说全体刘一手人要乐业、勤业、精业；"友善"是说企业要秉承诚信、感恩、利他的做人和做事原则。

文化是永恒的，唯有文化才能让企业发展生生不息。刘一手只有靠企业文化才能走得更远、更好。为了传播中国美食文化与刘一手的企业文化，我每年都会飞到全世界去做推广，去给海外员工讲刘一手的企业文化，让海外的员工能够感受到来自中国、来自刘一手的温暖和力量。同时，我们还在自媒体短视频平台上传播中国美食文化，比如我在抖音上创建了"刘一手梅姐"抖音号，初心也是想让更多的人去了解中国的美食文化，让世界爱上刘一手，让世界爱上中国美食。

第四章 刘 梅
管理创新：餐饮企业经营的"梅花宝典"

人才体系：让员工成为企业的主人

经营企业最重要的是人才，刘一手也不例外。对于初具规模的企业来说，发展壮大的瓶颈不是资金、技术，而是人才。所以，除了"五颗心"的底层基因外，构建人才体系也是我们经营企业的"梅花宝典"之一。

我们信奉"让专业的人做专业的事"，对于人员流动性高的餐饮企业而言，选择、培育并留住高质量的岗位人员，是一件迫在眉睫、至关重要的大事。人在事先，事在人为，只有先解决人的问题，企业才能依靠人才的经营和驱动获得快速、持久的发展。为此，我们构建了自己的人才体系，如图4-1所示，通过人才体系，让一批批无技术、无学历、无经验的普通工作人员成为优秀的员工，甚至跃升为管理者。

"选"得准：能力素质评价+价值匹配

"长"得快：学习+营造成长环境

"干"得欢：物质激励+精神激励

图4-1 刘一手人才体系

一、"选"得准

在选拔人才上,企业要想"选"得准,主要看两个指标,一是能力素质评价;二是价值观匹配。比如在选拔店长时,我曾经问过100多个餐饮企业经营者,他们对店长的要求是什么?答案五花八门,总结了一下,大概有90多种说法。

事实上,我们认为餐饮企业的店长满足三个关键点就够了。

一是懂用户经营。他是否懂用户?门店定位的用户是谁?如何满足他们的需求?

二是能做好目标管理。他是否懂如何经营企业?每个岗位的目标是什么?

三是懂团队管理。会带队伍的店长,能够让这个店变得越来越强,从而长期盈利。懂团队管理,包括懂得培养店长以及培养店员能力素质等。

能做到这三点,就符合刘一手的店长人才标准。

再看三观,一看他是否以用户为中心,并且有利他思维;二看他是否能艰苦奋斗,在困难面前能扛得住事。

除此之外,在选拔每家店的合伙人时,除学历、能力等硬指标外，我们也看重情商、逆商等软实力。

遵循这套人才体系来选拔人才，经过数年实践，使我感触最深的就是企业发展要"找对人"。"对的人"可遇不可求，但我们并没有因此而降低选拔人才的标准。

举个例子，我们在选拔刘一手北美集团公司的 CEO 时，按照这样的标准，我首先想到了自己的好友冉晓晗，在我的激励下，她答应和我们一起奋斗，开拓北美市场。而后，冉晓晗又按照这样的选拔标准，选拔出一批"85 后""90 后"高学历年轻人，带着创业的激情与对未来的向往来到刘一手平台，团结在一起，一步一步实现梦想。

二、"长"得快

如果一家餐饮企业，计划在三年内把门店从 80 家扩充到 300~500 家，那么就需要 200 多个店长，怎么办到呢？有人说，拼命招店长不就可以了吗？答案是否定的。如果店长都是外招来的，往往会出现鱼龙混杂的情况，后期很难与我们的经营理念融合，付出的成本会非常大。所以筹备人才，应该是内部培养和外部引入相结合。这就需要我们建立一套培养人才的体系，让人才在刘一手"长"得快。

在人才的培养上，我们主要采用两大方式。

一是**学习**。面对越来越激烈的竞争，我们始终坚守着自己的初心和本色，我们深知，面对企业规模越来越大的现状和越来越"挑剔"的用户，刘一手必须及时改变、不断升级。另外，进入互联网时代后，各种网红餐饮店借着网络时代的东风不断蹿红、层出不穷，这对传统的餐饮店而言，无疑是一种不可小视的力量。

此前，刘一手由于加盟店越来越多，从总店到各个分店的经营思想时有冲突，在管理上显得有些力不从心。于是，我们决定调整管理模式、对品牌进行迭代升级，同时我还参加了一系列培训课程的学习，不仅自己带头学，还带着高管和加盟商一起学。

2019年，我开始带着团队学习行动教育的"浓缩EMBA"课程，在学习中，我对战略目标又有了新的认知和体悟。学习对我和团队的影响在于，不仅能让我们的管理水平得到提升，而且还能让管理层的思想从上到下得到统一，在沟通和讨论时，他们终于能够做到同频交流了。只有在管理思想得到统一和达成共识的基础上，企业的战略目标才能得到贯彻执行，才能真正做到"全员一杆枪"，而不会被沿途的风景所迷惑。

从自己学到带着高管学，再到组织全员学，这些年，我们一直在不断学习。刘一手迄今为止用于外训的费用达到了 3000 多万元。同时，我们还开展了校企合作并成立了"火锅学习平台"，专注于火锅技术和火锅文化的培训，为年轻一代提供更多的创业机会和平台。

二是**营造成长环境**。我们在培养员工时，注重边学边练，并且做行动转化，就是给员工留作业，要让别人能看到他们做了没有，以及做得效果如何。比如如何提高服务满意度、怎样降本增效等。同时，我们还会在实战中验证，确定硬性的达标比例，不达标也不会淘汰人，而是让他继续学习、成长。

通过人才培养体系，我们构建了一支属于自己的"铁血"团队，我们聚在一起，力出一孔，共同开创刘一手的未来。

三、"干"得欢

在激励人才方面，我们通过物质激励和精神激励让员工在刘一手"干"得欢。

物质激励包括岗位薪酬、奖金和福利。我们还通过股权分配让员工真正成为企业的主人，让他们共享经营成果的主动权，让刘一手成为所有员工共同坚守、共同建设的家园。

举个例子，2020年疫情在北美爆发，此时我们第一时间传达工作原则：不计成本，保证员工的安全。为了这份沉甸甸的安全承诺，刘一手北美集团公司不计成本地做了全方位的安全保障工作。在当地口罩非常紧缺的时候，我们从国内进货，确保每个员工都有口罩可用。除此之外，我们还要保障员工的切身利益。为了让员工不少拿一分钱，刘一手北美集团公司所有高管都只拿一半工资。行胜于言，我们做到了把员工当成企业的主人。

企业的付出，员工看在眼里，记在心上。疫情开始至今，我们的员工流失率不超过5%。试想一下，有人情味又有凝聚力，这样的企业，谁不愿意留下来一起为之奋斗呢？

在精神激励方面，我们给每一位员工都绘制了职业发展路线图。比如店长、区域经理、职能经理是店长的职业发展方向；我们还为员工营造归属感，使员工对企业有一个情感寄托。员工在刘一手得到了最大的人文关怀，充分感受到了企业的温暖、感受到了企业的关怀后，自然也就产生出对企业的归属感，将企业当作自己的第二个"家"去维护，让自己的"家"变得越来越好。

数字化餐饮：提升用户价值并降本增效

数字化转型，已成为越来越多企业的核心战略。**"未来所有成功的企业都将是数字化企业"**，这是越来越多的企业经营者认识到并强烈认同的一种观点。没有人能够停留在过去，我们终将走进数字化的新场景，所有走向规模化发展的企业都要为此做好准备。刘一手在探索自救的道路上，不断地学习提升，开启了数字化转型之路。

2020年，刘一手成立了数据中心，建立了属于自己的信息化数据大平台，通过数字化系统可随时掌握全球所有门店的实时数据，用信息化大数据为火锅现代化、科技化赋能，推动行业进入智能化、数字化火锅时代。

餐饮企业为什么要做数字化转型？我们认为，拥抱数字化的核心意义是：提升用户价值并降本增效。比如通过广泛且精准的大数据，我们可以清晰地知道用户的喜好，有利于餐厅做出决策，实现线上营销与线下体验无缝衔接。

一、什么是数字化餐饮

大多数餐饮人对数字化转型不会感到陌生，因为几乎所有餐饮企业都做过或正在做"上系统"这件事。可是,"上系统"就是数字化转型吗?在许多餐饮企业看来,"上系统"就代表着收银软件,再细心些的餐饮企业会增加用户扫码点餐、支付的流程,完成这些步骤似乎就是餐饮企业实现数字化转型的成果了。

可事实上,这种认知于企业数字化而言非常狭隘,我们如果对此深信不疑,就不仅仅是在数字化转型上走弯路,而是切实耽误了整个企业的发展。真正的数字化餐饮除了使用收银软件及增加扫码点餐的流程以外,还包括设置店内的自助点餐屏、线上的自营外卖、积分商城等,而这些解决餐厅与用户之间的触点问题、采集用户初级交易信息的内容,也仅仅是实现了"交易数字化",与更为核心的"管理数字化"还有极大的区别与差距。

那么,到底什么是数字化餐饮?

结合刘一手的实践,我们认为,数字化餐饮是利用数字化手段,将餐饮企业的交易、管理、核算、决策等各个方面,尽可能从"人工干预"转变为"数字自动",从而规避因人性懒惰、人为错误、人力缓慢而造成的种种执行问题。

二、四个在线

餐饮企业要如何进行数字化转型呢？在这方面，刘一手还是一个"新手"，还在不断地迭代和优化。根据我们的实践经验，我们总结出餐饮企业实现数字化的"四个在线"，如图4-2所示。

图 4-2　餐饮企业实现数字化的"四个在线"

1. 组织在线

组织在线，是指企业组织结构的数字化。

首先，我们需要让员工明白数字化转型的重要性，让员工意识到，企业数字化是时代背景下不可逆转的趋势，并且告诉他们企业实现数字化后对每一个人工作的帮助与提升，让员工树立全员意识。

其次，我们应该借助数字化工具与数字化建设强化数字化变革的最终效果，比如目标管理与激励机制。

最后，我们需要持续提升员工的数字化能力，打造"线上处理、数据决策、效率说话"的数字化环境，在有条件的情况下还可以成立相关的训练营与成长机制。

2. 业务在线

业务在线，是指企业的人、才、物、销数字化。比如刘一手率先引进无油烟净化系统、传菜机器人、洗碗机器人、智能点餐系统、大数据库平台等。

用户在哪里，我们就在哪里出现。我们通过在抖音、微博、快手、小红书等网络社交媒体上进行全网营销，不仅使天猫、京东等渠道搜索量有了质的提升，还使商城粉丝和订单成交量出现大幅提高。

对于餐饮数字化而言，无论是使用收银软件、点餐二维码，还是外卖小程序，都像是一位友好、亲切的客服人员，也就是我们常说的业务前台。业务前台的功能是为用户带来美好的体验，但无法直接处理用户诉求，能真正处理诸如用户订单、营销运算、厨房指令、账务核销，以及各类异常问题的是位于后端的业务处理系统，即业务中台。

业务前台可以是多种多样的，就像每一位客服人员都有自己独特的音色与交流风格，但是业务中台必须统一，只有统一的业务中台才能规范、专业地处理所有的业务问题，高效完成指令。所有需要业务中台处理的问题都由业务前台收集并发出相应指令，经处理后再反馈给业务前台，最终由业务前台将结果反馈给用户。

为什么业务中台必须统一？因为在业务中台尚未被建立时，所有的问题或是由业务前台自行接单处理，不同的处理水平会给用户带来混乱的体验；或是每个业务前台都有一个单独匹配的业务后台，导致系统被割裂成互不相通的"信息孤岛"，影响管理。因此，餐饮企业的数字化离不开业务中台的建立。我们的每一种交易类型可以拥有不一样的业务前台，但是我们的业务中台必须做到统一管理——我们甚至可以说，餐饮企业的数字化转型意味着餐饮企业信息系统的中台化。

如此重要的业务中台还包含三个最为关键的中台——营业中台、营销中台与供应链中台。营业中台为实现连锁营业统一管理，营销中台为实现会员营销统一管理，供应链中台为实现供应链统一管理。从这三大统一管理中我们也能看出，餐饮企业业务在线中"前端轻而多元，后端重而统一"的数字化诉求。

3. 生态在线

"生态"在生态学中原本指食物链的"上下游"，当其中的能量流动、物质循环和信息传递等都处于一种平衡状态时，生态便平衡了。如果我们将它放在产业链中，"生态"所追寻的便是产业链"上下游"的供需平衡。因此，餐饮企业的生态在线是指在各种形式的线上交易平台建立以餐饮企业为中心的、足以连接餐饮企业与用户的上下游关系。

针对用户这样的"下游"，餐饮企业除了为他们提供在线点餐、付款等到店消费的服务以外，用户的外卖行为、零售行为等也应得到重视。餐饮企业可以通过小程序自营外卖平台与零售商城，让用户突破传统消费行为的"人货场"限制，享受到"门店到家，随时消费"的在线服务。

此外，餐饮企业的用户及加盟店的合作伙伴也是其重要"下游"。区域从总部进货后再分发给门店进行加工、售卖。从供应链的角度看，总部收益、区域收益及门店收益共同串联出完整的供应链条，形成了完整的餐饮企业上下游生态链。因此，对于这一部分环节的在线也是生态在线中重要的一环。

4. 数据在线

针对餐饮企业的所有数据，我们都需要建立"数据模型"，这里的"数据模型"是指一个可以纳入所有难懂的、散乱的数据框架，数据在进入这个框架之后，便可按照框架输出我们能轻易看懂的数据结果。

许多餐饮企业不重视数据并不是不想使用它们，而是不知道该如何使用它们。通过"数据模型"可以将散乱的数据形成有价值的经营决策依据，当混乱难懂的数据变成了又简单又有意义的信息，企业经营者自然也能意识到数据的重要性。

当我们手握近10GB的营业数据时，人工操作从每一条交易明细中寻找我们需要的数据显然是不现实的。这时，我们只需要将自己的数据需求变成一个"数据模型"，就能迅速从繁杂的营业数据中筛选出我们需要的数据信息。比如我们将所有营业数据导入"营业额最好的10个门店中，销量最高的3样菜品是什么"这一模型，模型很快便能告知我们结果，这就是"数据在线"的魅力与意义。

需要注意的是，"数据模型"的系统一定要实现"可定制"与"易定制"，因为不同时期我们的数据需求会不一样，即便再怎么预设"数据模型"，实际操作时都不会百分百够用、实用。因此，我们的数据在线系统一定要具备模型自定义的能力，并且自定义的模式也要方便、易操作，以便于我们随时在系统中根据各种数据需求建模。

只有当餐饮企业实现数据在线后,从业务到数据的一体化闭环才算真正实现,企业数字化的价值也随之提升。

以上介绍的"四个在线",可以视为餐饮企业实现数字化转型的路径。没有成功的企业,只有时代的企业,餐饮企业要拥抱时代,就要勇立潮头,敢为人先,用数字化引领企业,拥抱美好的新未来。

通过"五颗心"、人才体系的打造、数字化餐饮和企业文化的建设,通过 22 年的可持续经营(见图 4-3),我们

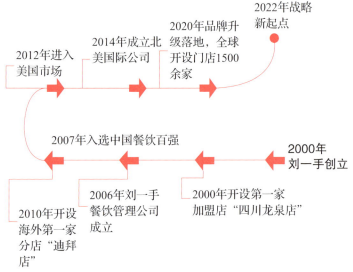

图 4-3　刘一手 22 年的发展历程

在海外成立了四大分公司,并且开了1500多家店,遍布美国、加拿大、法国、西班牙等15个国家。

如今,站在新的起点,回望历史,我最大的体悟是:火锅是"熬"出来的,人生是"熬"出来的,伟大也是"熬"出来的。

被称为"日本经营之圣"的稻盛和夫先生说过,是否持有优秀的"思维方式""思想",这决定了我们的人生。经营也一样,企业业绩乃至企业寿命取决于是否具有出色的"思维方式"。稻盛和夫先生所说的经营企业的思维方式,就是企业的经营哲学。

我国企业虽然在过去40年的发展里取得了空前的成绩,可一部分负面效应也在这一过程中逐渐暴露。常规的改进方式已经很难消除这些积重难返的负面效应,但是,新的突破口出现了:为什么不让企业经营者在领悟了经营哲学之后,再来面对并思考这些问题?这些发自内心改变了自身经营之道与处世哲学的企业经营者,才能真正从核心处解决企业现有的困境——我们的企业已经迎来了必须遵循经营哲学的时代。

谈到经营哲学、经营理念这些词,很多人会觉得抽象

第五章
经营哲学：不确定时代下的企业经营之道
叶伟德

而空洞，曾经我也是这样想，认为这些是西方舶来品。后来在经历过和看过众多企业的生死存亡之后，才体悟到经营哲学对于一家企业的生存和发展有着怎样的重大影响。

故事追溯到 20 多年前，我与婴童用品结缘，源于对女儿的慈爱之情。有一次我去深圳出差，在商场看到用户排着长队购买婴儿车，想到女儿正好也缺婴儿车，我也购买了一辆。在我把这辆车带回家给女儿使用后，我和妻子都非常满意。想到商场门口排长队购买婴儿车的父母和女儿使用婴儿车后的喜悦，我敏锐地感觉到婴儿车这类产品将来一定会有广阔的市场前景，"为什么不能做一个属于中国人自己的婴童品牌呢？"这个想法在我的脑海里挥之不去。

有了想法就要立即付诸行动。1985 年，当时正在经营模具厂的我立刻开模研发产品，建立市场渠道，用了两年多的时间创立了妈咪宝婴童用品品牌，并在 20 世纪 90 年代创造了妈咪宝的第一个辉煌时期，当时几乎全国一线城市，都有妈咪宝的产品。

然而仅在几年之后，因为国内市场环境的变化，妈咪宝陷入了"三角债"的困境之中——企业、供应商、店家之间，你欠我，我欠他，有的店家甚至把我们的产品卖掉以后直接关门，导致企业的现金流出现了危机。迫不得已，在1998年，我忍痛放弃了国内市场的所有门店业务并转战海外市场。面对海外市场各种严苛的行业标准，我没有退缩，在将近两年没有收到订单的情况下，我带领企业的技术团队，反反复复地研发产品，做各种性能测试。天道酬勤，2000年，妈咪宝研发的婴童产品终于获得了海外市场的认可，并逐渐成为一些海外高端品牌的合作伙伴。2005年，企业终于扭亏为盈，走出了困境。

2005~2015年，企业手里有"余粮"后，我们走上了多元化发展的道路——做房产投资。随着时间和资金的积累，我开始投入更多的资金。2013年开始，房价大跌，银行贷款收紧，我们投进去的钱几乎全部打了水漂，企业的资金链再一次断裂了，我们又一次陷入了绝境。

经历了经营企业的大起大落之后，我开始冷静下来思考一个问题：这些年，我是在经营企业，还是在用企业赚钱？如何带领企业走上一条可持续的发展道路？

2015年的一天，我在宁波开会时，有幸结识了方太的创始人茅忠群先生。我和他同住一个房间，晚上吃完饭他一直在阅读一本经典书，早上起床锻炼完他又在阅读这本书。连续一周，天天如此。出于好奇，我向茅总请教了书里的内容，茅总非常耐心地向我讲解了中华优秀文化以及方太的经营哲学……听完以后，我彻底被震撼了，我从未想过经营企业也有如此高深的学问，它与我们如何做人息息相关。那一刻，我找到了自己一直在苦苦寻求的答案——以正确的经营哲学带领企业开创未来。我深深地"爱"上了中华优秀文化和经营哲学。我觉得自己就像牛顿说的"我好像是一个在海边玩耍的孩子，不时为拾到比通常更光滑的石子或更美丽的贝壳而欢欣鼓舞，而展现在我们面前的是完全未探明的真理之海"。

我开始体悟经营企业的哲学，试图找到适合企业的经营之道。要知道，在经营企业的前30年，我一直以为赚钱是做企业的目的和意义。2016年，我带领企业100余名管理干部外出学习稻盛和夫哲学，同时全员推行传统文化，启动阿米巴经营和精益改善管理方式。

迷者为凡，悟者为圣。不同的人读经典、读稻盛和夫先生的经营哲学，有不同的感悟。下面，我分享一下自己体悟到的大变局下的三大经营之道：利他经营、心本经营、共生经营。这也是妈咪宝从2015年开始连续8年盈利的秘诀所在，这种哲学为全体员工所共有。

开创：
企业创新谋变的 **10** 个法则

利他经营：敬天爱人，践行良知

很多人都读过稻盛和夫的《活法》这本书，这本书从更深层、更宏大的哲学角度探讨了人应该如何活才能获得幸福？稻盛和夫认为，**以"利他之心"去回馈社会世人，才能获得真正持久的幸福。**

我经常能听到有人（特别是创业者）说："我自己的团队都面临生死存亡了，如何利他？"这其实是一种"弱者思维"。那些如今能够在自己的领域里叱咤风云的成功人士，无一不是从无到有，从呕心沥血到收获成绩。这里面恰恰蕴含着利他之心。

做企业时，如果我们只关注挣钱，那么我们得到的只是钱财。但如果我们能够关注如何让用户受益，那么我们收获的不仅是钱财，还有口碑和信任；和他人聊天时，如果我们只关注自己想说的，那么最后的结果只能是我们自己虽然说了很多，但对方却不再想和我们聊天。但如果我们能留意对方感兴趣的话题，那么我们不仅收获了一个朋友、一个知己，我们的聊天也很愉悦；写文章时，如果我们能够写出对读者有价值的内容，那么我们收获的不仅是读者的认可，还有信任和更多关注……

利他是企业经营、成事成人的起点。凡是能够成事的人，都不会把利己放在首位。我们的选择不同，结果就会大相径庭。

在企业层面，如果我们选择把利己放在首位，那么我们的行为就会表现为在经营管理、发展战略、企业文化等方面，我们不会把利润分配给团队，不会把利益分给合作伙伴，也不会花成本去培养人才和做对用户有价值的事等；在工作层面，如果我们选择把利己放在首位，那么我们的行为就会表现为在工作方法、同事相处等方面，我们会偷懒耍滑、不思进取、斤斤计较……试问，这样的企业，如何能成就一番事业？

商业经营无论如何发展，终究不会违背人道，**商道即人道**，世界上最伟大的商业模式就是利他。

那么，何为"利他之心"？

子曰："夫仁者，己欲立而立人，己欲达而达人。"意思是说，仁德的人，自己想成功首先要使别人能成功，自己做到通达事理首先要使别人也通达事理。这是中华优秀文化里所传达出来的"利他之心"。

稻盛和夫认为抑制欲望和私心，就是接近"利他之心"。他从利他的角度，将企业经营者定义为"三好商人",即对用户好,对社会好,对自己好。

我所理解的"利他之心"是善待他人的慈悲之心,也就是敬天爱人和致良知。简单一点说,就是奉献于社会,奉献于人类。

一、敬天爱人

但凡取得辉煌成就的人,往往都有一颗无私之心。建立在"心"的根基上来开展任何事业都能取得成功。而那些抱有自私之"心"的经营者往往都是失败的例证。当我体悟到这一点后,从2015年开始,我就在妈咪宝建立了以"心"为根基的经营哲学,践行"敬天爱人"的理念。

所谓"敬天"就是指做任何事情都要遵循事物的本性,即按照客观规律办事。这里的"天"其实是指客观规律。我们要用正确的方式来做正确的事。所谓"爱人",就是利他,在妈咪宝的经营哲学中,最重要的一条就是"利他经营"。这里的"他"是指包括员工、用户、合作伙伴等在内的一切利益相关者。

企业是由人组成的群体,所以企业需要制定一个活动的标准。在妈咪宝,"敬天爱人"就是我们所有人的活动标准。针对婴童产品的特殊性,我们在构建企业文化时,倡

第五章　叶伟德
经营哲学：不确定时代下的企业经营之道

导员工要用爱心去制造出有温度的婴童产品，让所有人都知道，这是一项伟大的事业，我们设计、生产出来的产品是用来拯救生命的，所以我们要让产品更精进，在每个制造环节做到有保障，这样我们才能研发、制造出安全有爱的产品。

要想为更多的人做出贡献，企业就要秉承"敬天爱人"的利他思想，心存善念。《孟子·离娄下》中提到，爱人者，人恒爱之，敬人者，人恒敬之。善思善行本身就带有向善的意志，由此带来的结果必然是好的。每个人要有关怀他人的慈爱之心，这样的话，命运肯定会随之转变。

2015年，当妈咪宝再一次陷入困境时，在没有资源、资金的情况下，我们凭着带给天下父母安心产品的初心，提升产品设计与品质，加大婴童用品的研发力度，最后不仅让企业走出困境，还取得了非常好的成果。很多人都认为，这只不过是我一时的幸运，可是为什么幸运会连续8年，甚至更长久地追随我呢？我想，这是因为我发现了敬天爱人的力量，并在这种力量的指引下采取了行动。

"敬天爱人"的理念，帮助稻盛和夫的公司在几十年的经营中未曾出现赤字，并取得飞速发展。8年的时间，我把"敬天爱人"的思想运用到企业的利他经营里，也做出了一番成绩……这一切都表明：唯敬天爱人方能天人合一。

做好事、为他人，不仅值得企业经营者学习，更值得我们所有人学习。

二、致良知

我对"利他经营"的第二个体悟是"致良知"。

"君子爱财，取之有道。"人在身心幸福的情况下追逐身外之物，只要以良知作为指引，追求任何事物都是可以的。我们要以"良知"做事。

原来我认为经营企业很复杂，直到后面学习、体悟了企业正确的经营哲学之后，我才明白经营企业没有那么复杂，最重要的是用心和凭心去做，**用做人的道理去做企业**。那么什么才是做人的道理呢？比如善良、真诚、谦虚……我把它归结为"良知"。**人生就是一个追求真我、践行良知的过程。**

作为人，何谓正确？良知可以用来检验一个人的道德水平。良知作为一种看不见、摸不着的精神理念，能够恰到好处地将一个人的意志和志气引入最高境界。因此，良知可以用来磨砺一个人的心志，让人经得起各种诱惑，远离一切恶行。

2015年，外贸行业遭到了空前惨重的打击，许多企业纷纷倒闭或被迫转型，妈咪宝也受到了冲击。在这样的情况下，一些同行企业开始缩减成本，减少研发新品等。而我们却反其道而行之，开始不断优化产品，提升品质。

受到中华优秀传统文化及稻盛和夫先生的经营哲学的熏陶，此刻我思考更多的是，作为一家孕婴童用品企业，要时刻把用户的幸福放在第一位。基于此，我开始在企业里建设幸福的企业文化，并以企业文化为铺垫，在此之上实行产业的优化升级和创新。不仅建立了以"为天下孕婴童的幸福安康做出贡献"的企业使命，还将"慈孝为本，道行天下"作为企业经营理念。

不可思议的是，我们在困境中不惜成本地研发新品，做好产品与服务后，企业收入不降反增。我认为，这就是天道，只要我们做了符合良知的事，就会有好的结果。

后来，很多人问妈咪宝走出困境的原因，我只强调两个字："良知"。"良知"看似是连孩子都懂的道理，但在经营企业的过程中，守住这个底线是一件很难的事。有的企业见到有利可图时就不顾道义，这样的企业是完全的利益驱动者，以赚钱为导向，在"义"和"利"之间，把"利"摆在首位。

致良知是一种伟大的力量。这种力量，我们都有机会拥有。它并非从外而来，是我们心中原本就有的。正所谓，圣人之道，吾性自足。虽然我们的经历不同，但为人之道是相同的，每个人心中都有一个"真我"，如图 5-1 所示，只是在商业环境的冲击下，将"真我"变成了"自我"，这时，我们要把"真我"唤醒，呈现一个充满真、善、美的"真我"。

图 5-1 "真我"与"自我"的心灵结构

心本经营：物质与精神双丰收，事业与生命双成长

为天下孕婴童的幸福安康做出贡献，做一家受人尊敬的企业，让用户得安心是前提，让员工得成长是基础。在任何企业里，将一切战略、政策和举措付诸实践，将愿景、使命变成现实的，无一不依靠员工的实践。员工的成长速度决定企业的发展速度。这正如方太创始人茅忠群先生所说："方太坚持人品、企品、产品三品合一的价值观，员工

的状态决定着产品的状态，进而决定着企业的状态。"

稻盛和夫创造"以心为本"的经营哲学，让企业经营围绕着怎样在企业内部建立一种人与人之间牢固的、相互信任的关系这样一个中心点进行。稻盛和夫和方太的成功给了我一个学习的样本。

我开始在妈咪宝推崇"心本管理"，强调"以心为本"的人文管理新理念。所谓"心本管理"是指管理的关键是抓住人的心，让员工自动自发地参与企业的经营，积极主动地工作并达成企业目标。"心本管理"的特点是"修心为上"，如果我们要用一个人的"手"，必须要用他的整个"人"；如果我们要用整个"人"，我们必须影响他的"心"。

"以心为本"，就是发挥"心"的能量，成就人的价值和幸福。妈咪宝的整个文化体系就是建立在"心本管理"的基础上，特别是"员工得成长"。我们通过一系列措施，让员工在企业里获得物质与精神双丰收，事业与生命双成长，最终获得圆满幸福的人生。具体如何做，有以下三个要点。

一、言教不如身教

《论语·为政》里提到"为政以德，譬如北辰，居其所而众星共之"。当领导者自身拥有足够的修养和较高的境界时，人才便会如众星环绕北极星一样，主动围绕在领导者周围。子曰："其身正，不令而行；其身不正，虽令不从。"言教不如身教，领导者是一切的根源，只有领导者德才兼备、以身作则，员工才会效仿。

我在企业里一直强调管理者要起到带头作用，要求员工做到的，自己要先做到，成为员工的榜样。

我是一个非常注重实际行动的人，重视学习书本知识的同时，更重视实践，注重身体力行。我不喜欢整天坐在办公室里，大部分工作时间都用在"走动管理"上，即到所有部门、工厂走走、看看、听听、问问，随时准备帮助下属解决工作中遇到的问题。

我本人的生活勤俭节约，而在慈善方面从不吝啬。我会积极参加社会各项公益事业，比如以公司的名义多次在宁波光彩事业促进会、慈溪市慈善总会、宁海县慈善总会等慈善机构捐赠善款，并为逍林镇、崇寿镇等杭州湾新区贫困行政村捐赠物资。此外，从 2006 年开始，我们企业一直为杭州湾新区部分行政村 60 岁以上老人订阅《慈溪日报》，丰富老人的精神世界；逢年过节之际，我还会带动逍林商会的企业家们上门慰问新区各行政村的孤寡老人、高龄离退干部等。我做这一切仅仅因为我是党员和企业经营者，应该起到模范带头作用，吃苦在先，享乐在后。

在学习中华优秀传统文化和稻盛和夫的经营哲学时，因为自己学有所获，所以我在企业里倡导所有人一起学习。即使工作再繁忙，我也会保证每天有 1 个小时用于看书，以便实时更新、调整管理理念，培养前瞻性和宏观意识，能够站在一定的高度规划企业的发展战略。我先后取得了浙江广播电视大学经贸分校工商管理专业的学位证书和浙江大学城市学院工商管理专业的 EMBA 硕士学位，并获得高级经济师职称。在我的带动下，妈咪宝自然形成了一个良好的学习和工作氛围。

身教重于言教，榜样的力量是无穷的。在中国式管理中，领导者的个人修养对于员工的影响深远而长久。无论是工作还是生活，一个身体力行的榜样远比冰冷的制度规范更能让人自愿学习和效仿。

二、给予超越员工期望的薪酬

企业很难奢望员工完全凭借热情去工作而不求回报。员工的需求是千变万化的，归纳起来可大致分为非经济激励和经济激励，非经济激励主要包括晋升机会、技能培训、授予荣誉称号等，经济激励主要指薪酬。

很多企业并不重视薪酬带来的影响,也未将薪酬制度定为企业发展的重要战略,这大大限制了薪酬的激励作用,容易令企业陷入"留不住人才""找不到人才"的尴尬境地。此时,企业再想通过加薪的方式来解决问题,结果往往不尽如人意。

一般而言,影响员工进入企业、留在企业并获得激励的薪酬组成部分,分为基本工资、员工福利、特殊津贴、短期激励和长期激励。其中,基本工资高,对员工有着高吸引力、高保留性和中激励性,如表5-1所示。

表5-1 薪酬体系对员工的影响程度

	吸引	保留	激励
基本工资	高	高	中
员工福利	低	中	低
特殊津贴	低	中	低
短期激励	中	中	高
长期激励	中	高	中

妈咪宝非常明白"重赏之下必有勇夫"这一道理,统筹考虑坚持"3P+1M"付薪理念,即根据职位(Position)、绩效(Performance)、个人能力(Personal ability)和市场(Market)这四大要素来确定员工薪酬,要求员工薪酬兼具内部公平性和外部竞争性,给予超越员工期望的薪酬,综

合运用整体薪酬等各种工具，全面考虑物质和非物质奖励，关注员工的学习成长和职业发展，让员工获得物质与精神双丰收，事业与生命双成长。

妈咪宝的企业文化里有很大一部分是让员工获得幸福，试想一下，如果企业对员工的薪酬都十分吝啬，员工又如何在企业里获得幸福呢？

薪酬水平具有竞争力的企业往往更容易在劳动力市场上树立更好的形象，也有利于企业在市场上形成更大的竞争力。因为企业薪酬水平的高低不仅会影响劳动者的就业选择，还会影响用户对企业以及企业所提供的产品和服务的信心。薪酬水平的差异，会在用户心中形成品牌和产品差异，企业员工薪酬水平越高，越能让用户对产品放心。

三、在员工最需要的时候给予关怀

薪酬、资金等能让员工获得物质的丰收，企业还应让员工获得精神的丰收。如何做呢？

妈咪宝会给予员工尽可能多的关怀与保障，解决员工的后顾之忧，比如当员工有困难时，企业会提供全方位的帮助。妈咪宝以员工为根本，减少员工的工作压力，这种压力可能来自员工的家庭、人际关系和自身健康状况等，员工的个人精力有限，当精力被这些压力分走时，在工作上的投入度就会降低。因此，在员工最需要的时候给予关怀，不仅是在帮助员工，还是在维护企业的稳定。

比如入职时，为了让新员工感受到企业的爱和温暖，妈咪宝会为每一位新员工配备一位老员工作为导师；过节时，在每一个有意义的日子，企业都会准备一些小惊喜，比如元宵节的汤圆、妇女节的休假、生日礼物等；遇到困难时，企业会提供资金的帮助；离职时，企业会衷心感谢他们对妈咪宝的付出……

这样一些看起来微不足道的关怀政策，虽然不能直接提高员工的工作效率，但却解决了员工的后顾之忧，让员工感到被尊重，也为员工的幸福工作奠定了基础。

除此之外，妈咪宝针对不同层级的员工设置了人才培养计划和晋升通道，旨在帮助各层级员工在胜任新工作岗位的同时，掌握利用文化管人、管事的技巧，直至能够领导团队。很多员工在进入企业，经过了很多时间工作之后才找到最适合自己的道路，而我们从一开始就为员工指明了方向，将"独木桥"变成了"双通道"，使员工拥有了更多的发展机会。同时避免了企业中晋升渠道设计不合理的问题，从员工的角度出发，考虑员工未来的发展问题。员工只要努力，就能晋升；员工不努力，就被淘汰。

在这种利他的职业发展机制下，我们将更多优秀的员工留了下来，为企业的长足发展提供了充足的人才保障。

妈咪宝让"员工得幸福"的一系列措施，既让员工在能力上有所成长，又兼顾了员工心态上的积极向上发展，使他们工作富有激情，从而让每一位员工都能在企业获得物质与精神双丰收，事业与生命双成长。

共生经营：立大志，发宏愿

推动着企业经营者向前迈进的原动力，往往是阶段性的。在创业初期，让我们前进的原动力或许是寻找一份安全感，是让全家人过上好日子；可是当企业逐渐做大，早已实现财富自由的我们无法再用原来的动力支撑自己的成长之路，于是我们需要寻找对于现阶段的自己而言足以成为新目标的新动力。

所以，企业经营者要不断地找到新动力，推动企业不断进步，开创更加美好的未来。要知道，不进步就意味着退步，守是守不住的。企业经营者要通过发宏愿、立大志来推动企业往前走，共生经营，让经营可持续。

什么是立大志、发宏愿呢？

立大志是从内向外来思考，我想成为什么样的人？我想做什么样的企业？目的是树立企业经营者的使命感；发宏愿是从外向内，从满足社会需求的角度出发进行思考，我能成为什么样的人？我想做什么样的企业？目的是树立企业经营者的责任感。

一、立大志

无论我们想做什么、做成什么，想成为什么样的人、得到什么东西，立志都是第一步。正如王阳明在《教条示龙场诸生》中说："立志而圣则圣矣；立志而贤则贤矣。"一个人或者一家企业能走多远，不应该问"双脚"，而是要问志向。没有志向，就没有前进的动力，人或企业只能原地踏步。

很多人说我立的"志"是"我的企业明年能进世界500强""我的企业利润翻一番""我要创业成功""我能晋升为部门经理""我要买房、买车"……这些都不是真正的"志"，而是目标。王阳明说真正的"志"非常简单：**立志，就是念头上为善**。除此之外，没有其他。

立志，我们要立的第一个"志"是要成为一个什么样的人。成为什么样的人，既是一个社会命题，又是一个哲学命题。孔子把人分为五个层次，依次为庸人、士人、君子、贤人、圣人。我立志成为一个君子，乃至贤人或圣人。

什么是君子？君子的特点是自强不息，厚德载物。我要做到说话诚实守信，心中对他人没有忌恨。秉性仁义而不向人炫耀，通情达理，明智豁达。对自己的信念始终不渝，自强不息。

什么是贤人？贤人的特点是自利利他，胸怀天下。我要做到品德合乎法度，行为合于规范，心中时常装着社会、国家乃至世界，不断提升自己的心灵品质。

什么是圣人？圣人的特点是无我利他，化育天下。我要做到"无我"的境界，了解世事，通达一切，与世间一切事物融洽无间，自然相处。

二、发宏愿

发宏愿是我们想达到什么目标。可以选择对自己、对部门、对企业或对家庭而言最重要的一个目标，或者以自己的年度目标来发宏愿。

我在 2015 年发的宏愿是为家庭幸福、行业发展、社会进步、国家富强做出贡献。为什么我要发这样的宏愿呢？

因为共生循环是企业生存的基础。企业的发展有三个基本矛盾，即企业与社会的矛盾、企业与用户的矛盾和企业与员工的矛盾。企业与社会的矛盾就是企业发展与环境保护之间的矛盾，即企业不能一味地向大自然索取，也不能破坏它原有的平衡。

稻盛和夫认为，共生循环的规律在三个层面发挥着作用：第一，人与自己赖以生存的自然环境（包括动植物）构成自然共生循环系统；第二，经营者与股东、原材料供应商、用户构成社会共生循环系统；第三，发展程度、自然条件和不相同的国家构成国际社会共生循环系统。

在"共生经营"理念的指导下，妈咪宝非常重视环境保护产业。我们大力发展绿色经济，树立绿色企业形象。我将企业经营范围的定位调整为绿色市场，要求在企业内加强绿色企业理念教育，弘扬绿色企业文化，明确企业环保责任，提高职工的环保意识和环保素质。同时，重视企业文化建设，成立企业文化建设小组，健全党、工、团组织，保障民主管理权益，创建和谐企业。

我认为,"共生经营"的理念同样存在于与其他企业间的竞争中。我将这种竞争的关系称为"竞争中的共生与循环"。企业为了生存,彼此竞争是有必要的,可是竞争不意味着无法共生。在一个街区中,如果只有一家小吃店,它将很难做出彩,因为鲜少有人会特意来到一个只有一家小吃店的街区吃小吃;如果这家小吃店附近又陆续聚集了各种小吃店,它的客流量将发生很大的变化——更多的用户会被小吃店聚集的氛围吸引过来,最终为每家小吃店都带来了好生意。

许多企业看不到共生层面的获益,只关注到竞争加剧,为了独占生意强力阻挠、打压周边的同类店,最终却因为没有可以形成对比与刺激的竞争,独自走向灭亡。

"共生经营"的哲学理念是经济、社会、人类、自然平衡发展的基础。同样,"共生经营"也是一个企业得以恒久发展的根基。

"共生经营"的另一个层面是企业积极承担社会责任。从 2015 年开始,我们一直在持续不断地做慈善公益活动,帮助各类人群。

企业社会责任可以分为两个层次:一是基本责任,即企业经营者要遵纪守法,对员工实现承诺,这是每个企业都必须承担的社会责任;二是崇高责任,企业经营者要对社会做出不为名、不为利的奉献，这是一种思想境界的升华。这样才能得到社会的信任，培养与员工、用户和社会的感情，加深员工和用户对企业的忠诚度，从而提升自己的持续竞争力，最终形成对企业、社会都有好处的良性循环发展模式。

以上就是这些年我通过学习、体悟、实践的三大经营哲学，其核心是通过企业经营者自身的修炼去推动企业的发展。**经营企业需要"两条腿"来走路，一条是哲学，一条是实学**，大多数企业太过于专注发展实学，殊不知企业发展到了一定程度，哲学的力量远大于实学。只有当企业用"两条腿"走路时，才能走得更加久远。

得益于三大经营哲学，如今，妈咪宝已发展成为专业从事婴童用品的集研发、制造、销售于一体的外向型企业，旗下拥有妈咪宝、帛琦、格云三大品牌。产品涉及婴儿推车、婴童床、汽车安全座椅、餐椅、儿童电动车等一百多个系列，在一百多个国家和地区畅销。凭借着一流的产品品质，妈咪宝的婴童用品在电商平台上，也获得了用户的认同和青睐。心系宝贝，用爱智造，妈咪宝在转型发展、持续发展的大道上不停奔跑。图 5-2 为妈咪宝经营哲学引领图。

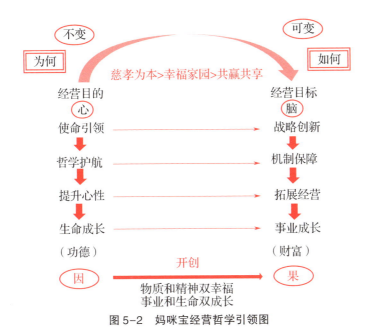

图 5-2 妈咪宝经营哲学引领图

近几年黑天鹅事件频发，使很多企业停工、停产甚至濒临破产。在大变局下，企业经营者要经历"熬、磨、磕"，用正确的经营哲学带领企业走出困境，开创新的未来。**越是艰难处，越是修心时。**

所有危机都是福祸相倚的双刃剑，让企业举步维艰的同时，也倒逼许多企业实现了自我蜕变，为全球经济重新起跑提供了新的方向与动力。时代是无可替代的创造者，就像一位辛勤耕耘的农夫，每一次对土地的翻铲都是为了让这片土壤保持应有的活力，利于作物的生长。

危机以挑衅者的姿态将所有企业团团包围，一次又一次地试探松动着企业麻木的神经，刺激它们从故步自封的凝滞状态觉醒，在突围的冲刺中孕育出新的生机，在反包围的斗争中成长为参天大树，新木又将继续等待下一轮的挑战。

许多企业将自己的失败归咎于一起起黑天鹅事件，可事实上，即便没有这些"意外"，在如今新零售、新技术飞速发展的连连冲击下，那些制造、流通、零售等领域的传统企业，仍然会面临海量竞争对手的围追堵截，注定要在

第六章 刘洋
差异化竞争：传统企业突围新路径

生死劫中挣扎、蜕变。

简而言之，生存于时代危机之下的企业，从始至终都在被包围、突围与反包围的战斗之中，它们因此受难，却也因此成长，并且用自己的苦难与成长推动了整个人类文明的发展。那些没有突围的企业在市场上销声匿迹，成功突围的企业在社会上担起重任。

不在突围中重生，就在突围中灭亡，企业别无他选。然而，传统企业突围，究竟路在何方？

下面我所讲述的，便是一个传统企业在逆境下突围的新路径。

1995 年，刘长河先生创建城外诚，它是市场经济催生的第一批家居卖场之一。城外诚的第一个"城"代表规模，第二个"诚"是企业的经营理念——诚信，以德经商，这是企业成功的开始，也是企业 27 年可持续经营的保障。2010 年，城外诚发展成为营业面积达 10 万平方米，年营业额达 5 亿元，市场份额超过 40% 的北京市规模最大的专业家具卖场。当时在北京有一句人尽皆知的广告语：北京人买家具，首选城外诚。彼时的城外诚在北京家居卖场中可谓是一"城"独大，难觅对手。

2010 年，随着居然之家开启连锁模式，红星美凯龙进驻北京，北京家居卖场行业进入了群雄逐鹿的竞争时代。各大家居企业以规模效益为导向，以品牌优势为利器，均在紧锣密鼓地进行新一轮的"跑马圈地"，试图抢占战略重点，争夺区域市场。而作为家居企业厮杀的主战场——大卖场，也在迅速发展，2012年全国家居卖场数量突破3000家，主要的一、二线城市的家居卖场数量均达到10家以上，甚至在许多三线城市也能看到家居卖场巨头的身影。行业竞争加剧让城外诚在北京的规模优势日渐削弱。

屋漏偏逢连夜雨。2011年5月，中国首届家居业电子商务高峰论坛在北京举行，这标志着家居建材企业已开始朝着电子商务的发展模式迈进，线上、线下互动的多元化营销模式将成为家居建材行业发展的一大趋势。家居行业的电子商务化，让城外诚的实体家居卖场的经营进一步陷入困境。

到了2014年年末，城外诚的市场份额从之前的超过40%降到了不足10%。毫不夸张地说，当时的城外诚离关门就差一点。情势危急，亟待突围——**不突围，城外诚就要等死；突围没找对方向，城外诚可能死得更快**。

如何突围？这成了摆在城外诚面前的最大难题。2015年，有两件事载入了城外诚的发展史册。第一件事是城外诚成功完成了改制，由之前的乡镇企业正式变更为股份制

第六章 刘洋
差异化竞争：传统企业突围新路径

民营企业，得以轻装上阵；第二件事是我带领企业所有的高管团队走进了李践老师的"赢利模式"课堂，深入学习企业经营管理的理论和方法。

在"赢利模式"的课堂上，我们学习了一种全新的战略方法——差异化竞争战略。什么是差异化竞争战略？李践老师给我们讲了一个案例。

30多年前，春都集团的企业经营者去日本旅游，发现了一个产品叫火腿肠，于是他将这个产品引入我国，一款名叫春都火腿肠的新产品在洛阳诞生，并迅速成为当时的"网红产品"。10年间，春都几乎成为火腿肠的品类代名词，市场占有率一度达到70%。彼时，双汇还只是一个寂寂无闻的跟随者。然而，一场价格战颠覆了整个行业格局。

1997年，双汇将火腿肠的价格从每根1.1元降到0.9元。为了保证利润，双汇将猪肉含量从85%减少到70%。为了应对竞争对手，春都火腿肠也开始"减肉"，并调低价格。双方打得热火朝天，最后猪肉比例一路下调，从70%—50%—40%—30%—20%，最终下调到10%，此时，一根火腿肠的价格已经逼近5角钱。

不难想象，火腿肠含肉量下降了75%，用户恶评如潮。用户将这一腔愤怒都发泄在行业龙头春都身上，春都被人调侃为"卖的不是肉,而是面粉"。正当市场被搅得乌烟瘴气之时,双汇反其道而行之,推出了高端火腿肠"双汇王中王"。这款火腿肠以添加大瘦肉块为卖点,一举占领了行业高端品牌的高地。曾经的行业龙头春都却因为品质急剧下降被用户抛弃,市场占有率从70%跌至10%以下。元气大伤的春都再也没有办法翻盘,从此消失在用户的视野之中。今天,当大家说起火腿肠的时候,谁还会记得这位真正的行业开拓者呢?

李践老师所讲的案例,使人醍醐灌顶——当我们遇到竞争对手的进攻,销量因此下滑时,说明市场给城外诚发了一个信号:对于用户而言,我们的差异化还不够清晰。这个时候,我们要做的不是与竞争对手打价格战,而是做差异化竞争。这才是商业的逻辑。

什么是差异化竞争?

李践老师解释**"差异化"就是创造不同、做独一无二的用户价值**。我们通过体悟、实践,**认为差异化竞争的本质不是直接跟竞争对手硬碰硬**,而是去创造一个全新的生存空间和蓝海地带,给用户一个全新的选择,实现差异化生存,确保企业在激烈的竞争中能够快速、准确地做出决策,从而始终保持强大的竞争优势,立于不败之地。

第六章 刘洋
差异化竞争：传统企业突围新路径

刘润老师说："市场老大是不会用'差异化竞争'战略的。"我是认同的。如果进一步延伸这一逻辑的话，"差异化竞争"一般不会运用在蓝海市场中。在竞争并不激烈的市场里，并不需要思考"差异"。

作为中小企业或中小品牌，如果我们很幸运地进入了一个蓝海市场，那么就在巨头进来之前拼命地发展自己吧。如果我们进入的是红海市场，那么就要找到一个新的需求点，做出差异化，只有这样，我们才能在时代逆境中突围出来。

当我们彻底懂了什么是差异化竞争后，结合城外诚自身的优势和竞争对手的特点，制定了一条差异化竞争的突围新路径，如图6-1所示。

图6-1 城外诚的差异化竞争战略

反着来:用规模战连锁

差异化竞争的第一个战法是"反着来",即对手怎么想、怎么做,优势是什么?城外诚就跟竞争对手"反着来"。如何"反着来"呢?

一、知彼

谈到竞争,我会想起《孙子兵法·谋攻》篇中的一句话"知己知彼,百战不殆",这句话告诉我们,要想在商战中取得胜利,就要分析、了解自己的竞争对手。所以,城外诚"反着来"的第一步是"知彼"。

要想做好"知彼",企业可以通过两个问题来了解、分析自己的竞争对手。

第一个问题:谁是竞争对手?

这个看似非常简单的问题,可根据我之前带团队,以及最近辅导、培训多个营销项目的经验来看,80%的人回答得不够好,或者说对竞争对手的重视程度还不够。很多企业经营者或管理者只在自己的产品上表现得积极主动,他们会关注自家产品的优缺点,会关注目标用户的需求,

第六章　刘洋
差异化竞争：传统企业突围新路径

却只是被动地从用户及环境里了解竞争对手的价格，对对方的市场策略置若罔闻。更有甚者，对快速定位竞争对手的方法都一头雾水，更别提明确自己的竞争对手是谁。

我在刚入行时收获了一句前辈的赠言："二问一参，问用户、问代理商，参加行业会议。"十几年过去了，这句简单、直接的话依旧是我的"工作宝典"。许多人可能会想到前两项，却对最后一项不太重视，可事实上，能为我们带来意外价值的反而是参加行业会议。不必频繁参加，只要我们能做到一年参加两次行业协会举办的会议，就能在一个相对短的时间内，在各供应商展台前详细咨询所有我们需要的信息，顺带还能收获丰富的资料，回去后只需要进行分析、研究即可。

提炼出高价值的信息后，只要我们将其与自己的产品、用户做对比，就能轻松定位出主要的竞争对手。通常情况下，竞争对手不会超过5家，10家已是极限，如果最终我们定位的竞争对手超过10家，那么我们就需要自查产品定位是否模糊，并对自己的产品重新进行定位规划。

我们还需要对定位的主要竞争对手进行优先级排序，主要按照产品相似度、用户重叠度与市场策略等维度来排序，产品越相似、用户越重叠的竞争对手，越是我们关注的重点。

第二个问题：如何分析竞争对手？

要想深入剖析我们的竞争对手，离不开以下四个层面，只有每一个环节都做到位了，了解透彻了，才能够真正做到"知己知彼，百战不殆"。

层面一：深入了解竞争对手的产品与服务。此时，我们需要了解竞争对手的产品的优势、劣势分别是什么，是否存在新技术的应用，产品更新迭代的速度如何。与此同时，竞争对手的产品在用户群体中的口碑与影响力也是我们需要关注的重点。随后，我们应该对自己的产品进行反思：自身产品差异化的优势在哪里？亟待改进的不足之处又有什么？我们的市场机会以及潜在风险如何？解决以上问题后，我们对竞争对手的产品与服务的了解便已足够。

层面二：深入了解竞争对手的定价策略。了解竞争对手的定价策略主要从三个方面入手。首先要清楚对方调价的浮动性，其次是了解对方的定价策略的灵活度，最后是评判对方的议价能力。只要我们能准确掌握以上信息，就能分析出近 3 年来竞争对手的产品的市场价格政策。

层面三：深入了解竞争对手的营销策略。在营销策略上，我们要在坚持自我主张的同时拥抱变化，这意味着我们要随时掌握用户在宣传营销方面的偏好——即便对他们产生积极影响的营销方式也并不完全是我们认可的。我们要深入了解并学习应用竞争对手吸引用户的营销方式，融会贯通，抢先占领用户心智，快速将更多的市场收入囊中。

层面四：深入了解竞争对手的市场占有率及增长潜力。我们在研究竞争对手时还要重点关注两类"劲敌"，其一是在市场拥有高占有率的，其二是增长速度快、增长潜力大的。对这两类"劲敌"进行对标分析，将更有助于我们找准升级的方向。

通过分析竞争对手，我们已经"知彼"，知道它们的优秀是"小精多"。"小"是指家居卖场小；"精"是指店面为精品变频器；"多"是指家居卖场企业的布点多。

二、知己

"反着来"的第二步是"知己"。了解了竞争对手后，接下来我们还要"知己"，找到自己的特点优势是什么。城外诚采用了向内挖掘和向外寻找来找到自己的优势。

向内挖掘是通过深入挖掘城外诚的发展历程、战法、体悟等来寻找自己的优势；向外寻找是通过与外部世界（用户、同行等）的交流，在反馈中得到自己的优势。"约哈里窗户"理论告诉我们，人类对自己的认知并不像自己以为的那样清晰，每个人都有自我认知的盲区。但这个盲区对于旁观者而言,却可能很清晰。企业也是如此。

通过一系列的动作,我们找到了城外诚的独特优势——大而全。"大"指卖场面积大;"全"指卖场的家居产品多。

三、用规模战连锁

"反着来"的第三步是用规模战连锁。结合竞争对手的特点及自己的优势,我们确定了城外诚差异化竞争的第一个突围战打法:用规模战连锁。

什么是用规模战连锁?

竞争对手大多采用连锁的模式,那么城外诚就反其道而行之——它们小,我们就大,这个大指的是规模大,我们对标行业首家上市企业成都富森美,与头部品牌结成联盟,合力打造基于200家上千平方米京城旗舰店的、全北京体量最大、品类最全的一站式家居购物及服务平台,将规模优势发挥到极致。为此,我们走访了国内数十个知名家居卖场、上千家品牌工厂,反复沟通,多轮磋商,针对品牌商集中提出的"做大店,赔钱怎么办"的顾虑,我们采取与之签订对赌协议,承诺不赚钱不收取租金。做这个决定对于寸土寸金的卖场来说,需要莫大的勇气和决心。

到 2016 年 9 月，这一协议终于达成，城外诚的营业面积从之前的 10 万平方米，一跃成为营业面积达 45 万平方米的超级家居航母，单体面积冠绝京城。

除此之外，竞争对手拥有的大多是精品店，那么我们就做旗舰店。竞争对手的店是多点开花，我们就做单店聚焦。

从 2020 年起，城外诚在家具、建材、家装、饰品等主品类的基础上，围绕家居生活需求开始向更多品类延展，逐渐打造出酒店用品馆、五金机电馆、奇石花卉馆、紫砂茗茶城等专业场馆，同时发展出 DXD 设计互联中心、京宠里宠物用品集散基地等包括家居、家电、商超、餐饮、娱乐等多种业态的多种经营项目，与原有的精品家具馆、家装建材馆、家居饰品馆、中式红木馆一起，形成八大场馆结合多项业态的泛家居生活消费圈。

现在一到周末，停车场的车位基本上是一位难求。很多用户现在来城外诚不一定是有装修需求，可能只是单纯想逛逛。

足够大的空间、足够丰富的品类，让城外诚可以满足用户从小到一颗螺丝钉、一个灯泡，大到一个家的生活需求。周末来城外诚的用户大多是家庭组团形式，一个普通的三代之家，爷爷可以逛茶城和奇石花卉馆，妈妈和奶奶可以看看厨房和酒店用品，爸爸可以去五金机电馆看看维修零件，孩子可以在蹦床、摄影等游乐区玩乐，甚至连宠物都有去处……

毫无疑问，城外诚的第一场突围战打赢了。著名作家亨利·戴维·梭罗在《瓦尔登湖》一书中写道："有些人步伐与众不同，那是因为他们听见了远方的鼓声。"差异化，做不同，可以使企业摆脱当下困境，开创未来。

集中打：用爆破战传统

差异化竞争的第二个战法是"集中打"，这一方法主要应用于企业的营销层面。

竞争对手一般采用的是促销打法，优势是店面多，分摊成本低；劣势是各自为战，很难形成合力。我们的优势是规模大、品牌多，资源集中，并且我们的店都是一线品牌的旗舰店，活动运营能力强，预算相对充足，集中落地可获得全城支援。而用户最大的需求恰是省时、省力、省钱，最好一次购齐。

鉴于此，从2016年起，我们在家居行业率先引入了爆破营销模式，以市场为引领，整合商户资源，集中时段引爆，形成聚合效应，吸引全北京的精准客流。

营销对于每个企业都有着至关重要的作用，企业只要有产品就要有自己的营销策略。爆破营销，简单理解就是把营销做成"爆炸式"的效果，它也被称为会议营销或者活动营销。

爆破营销是一种营销新理念，可以理解为集中所有可促进成交的资源，储备大量精准用户进行定点促销。所以针对这一点，我们也可以把爆破营销理解为精准营销。

企业如何做爆破营销呢？

爆破营销一般包括"用户信息爆破""宣传推广爆破""优惠政策爆破""现场成交爆破"几大环节，即通过海量信息收集、集中地毯式宣传推广、锁定精准目标用户、全体商户优惠及活动支持、现场成交氛围影响等手段，促成短期内销售爆发式增长的营销模式。下面，我给大家分享一下城外诚利用爆破营销战传统营销模式的过程，希望能够对大家在营销突围上有所帮助。

万事开头难，由于商户早已经习惯了坐店营销——向内部抢资源，要想使他们转变意识，主动出击，到外部抢客流，难度超乎想象。为此，我们对商户进行了一轮轮的动员，一场场的培训。一方面，卖场团队亲自带队跑小区发宣传单，组织电话营销；另一方面，我们对商户的活动给予最大力度的支持，要钱给钱，要券给券，要礼品给礼品，最终用实际行动感动并带动商户一起参与进来，从平常周末两日销售600万，一举实现了两日收款1.2亿的爆破效果，整整实现了20倍增长，创造了诸多至今仍然未被打破的行业营销纪录，有效保障了卖场客流。

第一次的爆破营销取得成功之余，通过对活动进行总结，我们看到的是巨大的提升空间和明确的改进方向。第一次，毕竟是尝试之举、破冰之旅，爆破活动的诸多环节，主办方城外诚也是头一回尝试，边干边学，无论是"宣传推广爆破"还是"优惠政策爆破"，几乎都是在"唱独角戏"；作为活动参与者的商户们，观望心理犹存，将信将疑、亦步亦趋也是在情理之中的事情。因此，第一次爆破营销的成功，可以说是胜在"新""鲜""奇"——营销方式新奇，用户感觉新鲜。

有了第一次的成功，第二次的胜利便来得容易多了。我们和商户们就像刚刚学会骑脚踏车的孩子一样，好奇而兴奋。2016年6月初，活动方案一经确认和公布，便得到了商户们的积极响应，在宣传推广阶段，商户们有车的出车，有人的出人，有力的出力，有钱的出钱；在优惠政策和活动支持方面，所有商户挖空心思，倾尽全力，各式促销层出不穷，最终打破销售纪录，挑战成功。

第六章 刘洋
差异化竞争：传统企业突围新路径

然而，这还是一场依靠人海战术和优惠活动的堆砌获得的胜利，对于爆破营销，城外诚和商户学会了形式，却未能领会其精髓，未能形成真正的合力与爆破效应，就仿佛雨水掉入湖中，虽然荡起了一片涟漪，却未能激发内在的能量，进而掀起巨大的波澜。如同蝴蝶振动翅膀，不可能每一次都会引发飓风一样，事物从量变到质变，除了需要积累，有时候往往还需要一个契机。我们和商户如何才能形成真正的合力，上演一场真正意义上的完美营销风暴呢？机会常常是留给有想法、有准备的人的。

作为"十一"黄金周的前置截流活动，城外诚早在8月初就确定了9月1日、2日的本年度第三场大型爆破营销活动，然而万事俱备，只欠东风，这个东风就是一个足以掀起京城家居市场惊涛骇浪的契机。恰巧就在这个时候，京派家具品牌联盟也正在策划一次大规模的总裁签售活动，但地点不在北京。当两个信息交汇到一起的时候，两个家居巨人，一个是京城百姓家居购物的首选之地，一个是京派家具领袖品牌联盟，凭借着敏锐的商业嗅觉和天然的血脉相连，一拍即合，决意并肩战斗。

消息一出，顿时在京城家居江湖掀起了巨大波澜，城外诚众多驻场商家争先恐后，纷纷拿出各自多年商战的撒手锏，短短几日内便拟定现场签售总裁近百位，各式团购促销方案数不胜数、力度空前。京派家具就像那只巨大的蝴蝶，稍一振翅，便在城外诚掀起了飓风。这才是真正的由内部能量激发而产生的合力，这才是真正遍地开花的爆破效应，城外诚凭借着合作伙伴的鼎力相助，完成了这场完美的营销活动，两日销售过亿元，而京派家具品牌联盟也在这场家居盛宴中取得了超过2000万元的傲人业绩。

2016年三场爆破营销活动的骄人业绩，不仅为城外诚提升了名气、聚集了人气，更重要的是，城外诚和合作伙伴们积累了更多的经验，对爆破营销这种精准营销的模式已能熟练掌握、运用自如。

对于商场而言，人气大于天。三场爆破营销活动的成功，让城外诚人气爆棚。一方面，进一步巩固了其在京城百姓心目中家居购物的首选地位，另一方面，强化了其在家居品牌心目中必争之地的战略地位。

后来，我们又进行了一场规模更大的爆破营销活动，光是活动的推广期就有12天，城外诚派出近万人次、近500车次进行电话营销和楼盘推广，并充分整合和利用手中的一切媒体资源——电视、广播、报纸、网络、公交、地铁、商圈、社区等渠道。总之，用刘长河先生的话说："哪里有城外诚的用户，活动的广告就要打到哪里，要实施对整个北京的全方位覆盖。"

"超人气+高士气+大手笔",结果会是什么呢?在逆境中,奇迹永远属于那些奋力抗争、逆流而上的勇士,我们和商户必将在这个冬天里,从逆境中突围出来。

跳出去:用做蛋糕代替抢蛋糕

利用差异化竞争战略打赢了定位之战和营销之战后,城外诚接下来开启了市场争夺之战。我们给这一突围战取名为"跳出去",指用做蛋糕代替抢蛋糕。

自2021年以来,我国在消费品领域积极推行高端品质认证,倡导优质优价,促进品牌消费、品质消费,实施了增品种、提品质、创品牌的"三品"战略。在整个家居零售行业面临的巨大考验下,企业面临的选择是要么"抢蛋糕",要么"做大蛋糕"。作为行业头部企业,城外诚的选择是:在未来携手行业同行,共同做大、做好行业的蛋糕。

大河里有水,小河里才有可能满。我们深知,市场的蛋糕是相对有限的,而竞争也只会越来越激烈,因此我们要摒弃常规打法,不能再局限于本区域内的传统竞争方式,要使战略眼光跳出域外,从抢蛋糕转变为做蛋糕,寻找全新的利润增长点。

开创：
企业创新谋变的 10 个法则

明确了市场的战法，城外诚做的第一件事是**整合资源，重构行业生态**。这是一项异常艰巨的工作，需要一个强大的、向上成长的生态平台；需要联合大量的外部力量，形成合力，逐步突破目前行业恶性循环的魔咒。在这个过程中，城外诚将扮演先行者、倡议者、服务者的角色，不做独行侠。

城外诚做的第二件事是**双城联动，资源共享，实现跨区域引流**。我们将目光聚焦在已经进入快速建设发展期的雄安新区。2021 年 4 月，城外诚在雄安新区开出了首家窗口店——城外新城家居广场，与 40 万平方米体量的北京城外诚相比，城外新城的建筑面积只有 2 万平方米，总共分为三层，但入驻的家居品牌却实力不菲，有尚品宅配、志邦家居、顾家家居、芝华仕、喜临门等上市公司巨头，有意风、非同、天坛、五木、那里家居、亚美特、伊丽伯特等京派家居代表品牌，还有在全国拥有超过 3000 家门店的成都家居品牌全友家居以及雄安新区本地家居龙头品牌依丽兰。

作为城外诚 26 年来首个品牌输出的家居卖场，为何取名"城外新城"？这源于刘长河先生与我的反复斟酌与权衡：既要体现城外诚的品牌输出，又要展示雄安新区的消费特色。"城外新城"有两层含义：第一，它是城外诚在北京城外输出品牌的一个新卖场,与城外诚这座"老城"相比,是一座"新城";第二,城外新城位于雄安新区的容城县老城区,服务的是在容城县城之外新建的多片新城的消费群。

"新城"与"老城",除了品牌输出和品质保障以外,还将有深入的互动与融合,展开"京雄双城联动":"城外新城"开通北京购物直通车,免费接送用户到北京城外诚甚至是其他地方选购建材家居。

从北京城外诚独店,到北京城外诚、雄安城外新城双店联动,"城外新城"开启了城外诚品牌输出发展的第一步,这一步用了26年。

通过双城联动,资源共享,实现了跨区域引流,将雄安新区建设带来的每年近百亿元的红利与商机,成功引入北京总部卖场,助力平台和品牌逆势腾飞。

城外诚做的第三件事是**战略合作天淘 AI 新零售**。数字化、新零售、AI……这些如今已经成为商业新赛道上不可或缺的赋能方向。如何对碎片化、复杂化的数据进行管理、分层和运用,让线上、线下有机结合?是家居企业转型升级的必修课。

2020年11月15日,刘长河先生与天淘董事长陈顺军郑重签下合作协议,宣告城外诚正式与阿里巴巴生态下的天淘 AI 新零售展开深度战略合作，通过天淘的赋能，城外诚将进一步打通线上线下，构建新零售平台，以数字化引流、数字化运营赋能平台活力，成为京城首家融智慧化运营、智慧化服务于一体的智慧家居卖场。

城外诚是天淘在北京签约合作的第一家，也是唯一的家居卖场。而城外诚与天淘的合作契机，源于接入流量入口、抢占线上流量的需求。

在新零售已经成为不可逆转的市场发展趋势背景下，线上、线下融合是必然，城外诚的营销能力、卖场热度和商户稳定程度在全北京乃至全国都算不错的，但面对市场大环境，主动探索获客新渠道是必修课，也是城外诚一直在积极探索的领域。与天淘的战略合作，拓客引流、营销推广，只是城外诚打造智慧新零售的第一阶段，我们对智慧家居卖场有着更多的期许，下一步我们将与天淘系统在打通线上和线下、构建新零售平台、打造智慧卖场等方面开展全方位的战略合作。通过用户画像、大数据分析，实现智能决策、智慧运营和智慧营销，以满足用户多元化的家居购物需求。

我们之所以做这么多，都是为了做大蛋糕，只有做大蛋糕，构建高质量发展才是可持续突围的关键。

运用差异化竞争，我们跟对手"反着来"，得以将规模

第六章　刘洋
差异化竞争：传统企业突围新路径

优势发挥到极致；集中资源单店突破，于是有了爆破营销的行业传奇；打破常规，跳出区域外，实现跨区域引流，尽享雄安新区百亿商机，从而扭转危局，成功突围。

经过近五年的励精图治，如今的城外诚营业面积达45万平方米，年营业额超50亿元，汇聚了国内几乎所有一线家居品牌的京城旗舰店，各项经营指标在行业内遥遥领先，更成为与全聚德、同仁堂、燕京啤酒等比肩的北京最具影响力十大品牌之一，在与各大连锁卖场的直接竞争中立于不败之地。

当企业面对困局，甚至危局时，学会运用差异化思维，打造出独特的差异化竞争优势，或许能开创出一条属于自己的突围之路，并借此转危为安，逆势前行。

传统企业突围，路在何方？差异化竞争是必胜之道。

改革开放40余年，我国的民营企业获得了史无前例的发展。数以万计的民营企业活跃在我国的城乡，为社会、为国家做出了巨大的贡献。对于职场人而言，30年是一个周期，现如今，老一辈的民营企业家正在慢慢退出时代的大舞台，许多第一代民营企业家已经找到了满意的接班人，完成了交接，可还有很多的民营企业处于青黄不接或接班人力不从心的生存危机之中。这也使得民营企业的换代接班成为一个热门话题，不少人甚至说"现在的民营企业后继无人"。

在我国，民营企业的接班"条件"更青睐血缘关系。据《中国民营企业发展报告》统计，迈入21世纪之后，我国300多万家民营企业中有90%以上都是家族企业，这一现象至今变化都不甚明显，而这些家族企业绝大多数都实行家族式管理。例如，格兰仕已经经历了梁庆德、梁昭贤、梁惠强祖孙三代的承袭,而在沿海一带的中小民营企业中,"代代相传"更是常规操作。

我就是浙江温州子承父业的"创二代"阮凯洁。1996年,我的父亲创立了邦凯控股集团(简称邦凯控股),企业经过了艰苦的创业期,如今已经形成以工业科技的研发制造为主导,发展具有自身特色的实业管理、地产开发及管理等多元化产业格局。在工业制造领域,邦凯控股以生产环保型的 BOPET 产品、PVC 电工胶带和装饰膜为主。截至 2015 年,邦凯控股已完成总额 5 亿元,年产 5.2 万吨聚酯薄膜和 2.6 万吨 PVC 薄膜,年销售额达到 8 亿元。

2011 年,我接手了邦凯控股。此时,企业正处于转型发展期,我们从德国进口了两条生产线,每条生产线的投资约为 2 亿元。试想一下,让一个毫无企业经营经验的毛头小伙突然接手一家重资产企业,压力该有多大?

在外人眼里,"创二代"意味着含着金汤匙出生,仿佛一出生就赢在起跑线,人生从此尽是巅峰。但只有当自己成为"创二代"后,才会明白,什么叫作"喜好不由自己",沉甸甸的责任从天而降。

在没有接手邦凯控股时,我只想做一个鲜衣怒马的职场白领,过着朝九晚五的生活,自由度过一生。在"是否接班"这件事上,我与父亲曾面红耳赤地争执了很久,也曾执拗地坚持了很久,后来看着父亲头上日渐花白的头发,以及他劳碌的背影,我选择了承担绕不开的责任,成为年营业额几亿元的企业总裁。

我总结了一下,"创二代"接班"创一代"后普遍存在三大问题:一是爱投资不爱实业;二是新观念配老企业;三是纸上谈兵缺实战。下面,我分别展开阐述一下我的观点。

"创一代"在经营企业时大多拥有独特的经营理念并擅长在某一个领域深耕细作,但"创二代"接手后,大多对于父辈辛苦打拼的实体产业并不感兴趣,他们更热衷于"来钱快"的虚拟经济,比如互联网、资本投资等,而对于企业管理、生产制造等则兴趣不足。另外,父辈往往都是白手起家,他们的管理方式更偏向于"人治"。相反,"创二代"则更希望按规则、按标准办事。很显然,这跟老管理团队很难和谐相处。"创二代"大多受过良好的教育,有的人读过EMBA,有的人在国外留过学,但是学到的知识大多是理论知识,没有实践经验。在接手企业后,"创二代"一般会思考如何改变企业现状,推动变革。但他们由于缺乏实战经验,变革往往会遭遇一次次失败。

中国式家族企业,要成为"百年老店"实属不易,家族企业的代际传承从来不是仅靠外部的助力完成的,还需要家族内几代人的规划、交接和稳步推进,更需要企业持续打造核心竞争力，成千上万的家族企业的传承才能汇聚成中国未来经济发展的潜力，这是家族企业传承的重要意义。这也意味着当"创二代"接手企业时，将面临重重挑战，企业的传承与变革是摆在"创二代"面前的一条深深的鸿沟。

那么，接手一家传统的民营企业后，我是如何克服"二代"接班的种种困难，带领企业走上变革之路的呢？先看看我近五年的经营成绩，如图7-1所示。

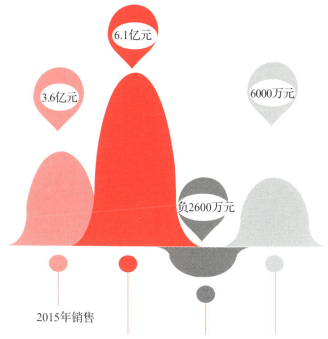

图 7-1　邦凯控股 2015~2020 年的销售额及利润对比

用了五年的时间，我使企业扭亏为盈，将净利润从2015年的亏损2600万元，提升至2020年的盈利6000万元，使邦凯控股焕发了"第二春"。很多人说我经营企业的过程是一个"二代"在传承中开创的教科书式范例。对此，我想说的是，经营企业是一项长期行为，我只是开了一个好头，接下来的开创之路还很长。

总结这几年的成功经验，我认为自己做对了两件事：一是寻使命；二是头拱地。下面，我将详细分享一下自己在传承中开启变革的方法，希望带给"创二代"一些启发与思考。

寻使命：一生一事，一战到底

我接手企业后，面临的第一大挑战就是作为"新人"的自己，如何与企业"老人"无缝接轨。当下，"创二代"大多热衷于快经济，而老一辈则酷爱实业，所以在经营方向上双方几乎是各行其是，谁也说服不了谁。

尽管面临各种挑战，但带领企业转型升级的决心不变。为此，我组建了一支自己的管理团队，而这一举措引起许多老员工的不满，甚至纷纷提出辞职。由于离开人数较多，父亲希望我暂缓采取这一举措，日后再慢慢推进，但我坚持认为，一个职业化的管理团队是目前企业转型发展最需要的核心力量，企业要想改变现状，此事绝不能让步。于是，我顶着各方压力，完成企业的团队整改，将愿意留下的老员工安排到合适的位置，并大量招募"75后""80后"年轻骨干。

尽管有了年轻的管理团队，但企业的经营问题还是让我头疼不已，在进入企业的前5年里，我的内心一直处于抗争的状态。后来一个偶然的机会，我读到《活法》一书中的一句话，让我深受启迪——"拼命工作是辛苦的事情，辛苦的事情要一天天持续下去，必须有个条件，那就是让自己喜欢上现在所从事的工作。如果是自己喜欢的事，不管怎样努力都心甘情愿。"

我一下找到了自己内心深处不接受"老企业"的原因——不热爱。邦凯控股是父亲辛苦打拼下来的，企业相当于他的另一个"孩子"。而我在前期几乎没有参与，所以对企业的感情远远不及父亲。如果我要经营好企业，带领它开创新未来，我就要热爱它，以及自己现在从事的工作。

如何爱上这份事业呢？我的答案是找到新使命。

《后汉书》中有一句话，"天地之功不可仓卒，艰难之业当累日月。"这句话的意思是,开创天地那样大的功业,不可能仓促完成;艰难的事业应当逐日积累,才能成功。要带领企业开创新未来,不可能一蹴而就,这可能要耗尽我一生的时间和精力。这个时候,我们要**找到自己一生的使命,一生一事,一战到底**。

新使命从何而来?我每天穿梭于工厂,看着或业精技熟、或渐入年迈的辛勤工作的员工,反复思索后,确信自己找到了企业的新使命——**成就员工梦想,超越用户价值,引领行业变革,创造社会价值**。邦凯控股的使命对应着员工、用户、行业和社会价值四个层面。

一、成就员工梦想

我立志打造一个幸福的企业,成就员工梦想,让更多人过上更加幸福的生活。

员工是企业最大的生产力。企业无论向生产要效益,还是向管理要效益,最终的突破口和实现的基点无一例外都是员工,员工对企业的发展起着决定性的作用。纵观中外企业,可以发现,几乎所有成功的企业都极其重视人这一关键要素。

稻盛和夫曾说过:"我经营企业的真正目的不是为了实

现自己作为一个企业家的梦想,而是要照料好企业员工与他们家人的生活。"对于这一点,我特别认同。我最初确定的企业使命就是带着一群普通人成就梦想,成就梦想的基础建立在使自己与家人衣食无忧上,这个企业使命也能表达企业希望每一位员工都能过上富足安康的生活的含义。我希望邦凯控股做到以人为本,真正从员工的角度出发,想员工之所想,急员工之所急,解决员工迫切需要解决的问题,所有员工才能够齐心协力、共同奋斗、勇往直前。

作为企业经营者,培养员工是不可推卸的责任,只有员工成长了,企业才会得到更长远的发展。一个好的企业,一定拥有一批有才干的人;同样,一批有着相同价值观及志向的人才,一定能够打造出一个好的企业。同时,好的企业也必定能给员工提供一个有利于发展的平台,从而培养出更多的人才。这是一个相辅相成、良性循环的过程。而对一个企业来说,重要的是怎样帮助员工发现其工作的意义,让他们获得事业成就感。

邦凯控股有很多工人,也许他们一辈子都在基础岗位上工作,但是,企业有责任帮助他们成长,让他们在职业生涯里有更多的选择。企业里有一名叫乐乐的员工,高中学历,自2010年进入邦凯控股一直工作到今天,从一名粉碎操作工人成长为生产班长、车间主任、技术主管，现在，她已经成为邦凯控股的技术部经理，专注做高分子材料工艺的研究。而在行业里，这个岗位最低的学历要求是大学本科。乐乐经常为了解决某一个工艺问题，连续几天几夜待在车间里，我在车间碰到她，劝她早点回去休息时，她总是会说："阮总，我不累，这份工作真的太有意思了，你不知道解决完一个技术问题有多么令人愉悦。"

乐乐的成长经历让我十分欣慰，她让我感受到了自己努力工作的意义。我告诉企业的管理者，我们有责任、有义务去建立完整的培养体系，我们要全体出动、倾囊相授，在培养人才这件事上不吝啬自己的时间和精力，这是企业存在的意义。

为了让员工有更好的发展，我要求企业每年花费20万~30万元用于员工学习培训支出；每周一下午举办读书会，每名骨干员工都必须参加，每周大家轮流分享一本书，这不仅增进了同事间的了解，也统一了管理思想。

世界上有两种企业：一种企业希望永远没有员工离职，害怕员工锋芒毕露，更害怕他们被竞争对手挖角；另一种企业敢于大力培养员工，从不害怕他们离开，因为这种企业有一条准则，就是"对员工好，好到让他们想要留下来"。我想把邦凯控股经营成第二种企业。

二、超越用户价值

一个成功的企业，不仅要为用户创造价值，还要超越用户价值。如何超越用户价值呢？我认为要做到以下两点。

一是做创新、做差异化、做独一无二。企业唯一的发展路径就是创新，并且是基于用户价值进行持续创新，让自己提供的产品或服务始终超出用户的预期，做到真正的不可替代。最后，用独一无二的用户价值来支撑"价"，用持续超出预期来拴住用户的"量"，让用户从消费1次到10次、100次、1000次、10000次……最后积沙成塔，企业才能真正获得利润。

二是用工匠精神做产品。众所周知，企业最终是靠产品赢得用户的。用户并不关心一家企业的战略，因为战略是企业内部的事情，用户只会关心这家企业的产品为其创造了什么价值。李践老师把"产"理解为生产、产值；把"品"理解为两个部分，对内是品质，对外是品牌。品质就是标准，企业要基于用户价值制定内部管理标准、流程标准等,而品牌则是靠用户体验产品以后形成的口碑积累支撑。

我的理解是产品必须有温度、有灵魂。这意味着我们必须非常专注、聚焦,并用工匠精神做产品。企业从上到下精益求精,力求让产品为用户创造超出预期的价值。只有用工匠精神打造的产品,才是企业傲然屹立的坚固基石。为此,我对业务进行了盘点,把该关停的关停,该出售的出售,该加持的加持,让主营业务突出,让战略产品清晰。对待战略级产品,我们投入了极大的研发力度和成本。同时,邦凯控股一改之前生产的普通包装膜,聚焦做电子领域的离保膜、光学扩散膜和在线涂布膜。

三、引领行业变革

我是温州人,在当地见到的大多数传统行业,使用的都是传统管理模式,我希望自己作为年轻的"创二代",能够为企业注入新的管理理念,从而引领行业变革。

我接手邦凯控股后,彼时企业采用的是以人治为主的管理模式,而我更倾向于采用标准化管理模式。这就形成了一个观念冲突。要想进行管理变革,改变老一辈员工的管理观念,不能"硬"来。他们并不是不愿改变,而是没有意识去改变，没有看到更好的管理模式。怎么解决这一问题呢？

我用的方法是**在变革中学习，在学习中变革**。变革管理模式避无可避，只能行动。学习是企业进化的保障，于是我带着企业的管理团队到行动教育开启学习之旅。只有持续学习、反省、改进，才能驱动企业行使在正确的航向上。在大家的共同努力下，我们改变了认知，获得了方法，我也与企业的管理团队共同确定了变革的方向，这才有了接下来的管理动作和使命升级。

接下来，我们始终在自己的领域里深耕细作，积极探索产业变革，无论在产品、技术、市场、服务，还是在品牌方面，都实现了重大突破，用科技引领行业迈入了大变革时代。

四、创造社会价值

经济的发展，离不开市场主体的参与和创新。如何应对挑战、坚定信心，成为更有活力、创造力和竞争力的市场主体，成为更有社会价值的商业机构，做新时代下的"伟大企业"？这是新时代给企业和经营者提出的一道必答题。

我的回答是，不断提升企业的经营能力和管理水平，开展基础研究和科技创新，响应国家战略的号召，在守法经营做大"蛋糕"的同时，积极履行社会责任、实现社会价值、参与社会公益事业，成为有担当的"创二代"企业经营者。

具体而言，可以分解为三个层次：第一层是从自我做起，梳理企业内部流程、法务流程，保证企业坚守底线，合法经营；第二层是助力社会，即企业在经营中不仅要实现商业目标，还要兼顾社会效益；第三层是实现社会价值，结合自身的业务，以更加主动的态度去发起慈善行动，这是企业实现社会价值的关键一步。比如积极参加各类公益活动，主动参加无偿献血活动，并鼓励员工一起参与；关心养老服务，经常前往漕泾镇的养老院，探望、慰问老人，为他们送去慰问品；关注社会效益，为员工、用户、行业、社会带来正能量；减少污染和能耗；通过创新激励机制、完善员工福利等举措提升员工幸福感……

新的时代已经来临，我希望用自己的绵薄之力与企业一起凝聚共识、集思广益，不断探索、实践和创新，为建设一个更加美好的社会而努力奋斗。在践行四大使命的过程中，我爱上了这份事业，并决定为它奉献一生。

第七章　阮凯洁
传承与变革:"创二代"　在传承中创新发展

头拱地:绩效飞轮,一招制胜

经营企业,光有热爱是不够的,还得有科学的管理方法。

我在前面说过,传统企业的管理模式大多是"人治"。在"人治"的管理模式下,基本靠情面维持企业运转,管理凭借的是经验。任务的执行主要依靠领导推动,领导表现得强势,员工的工作效率就高。反之,当领导表现得弱势或不在公司时,员工的工作效率就低。当时,父亲对我提出的要求是,早上8点前必须到公司;除非出差,否则周六、周日也要到公司上班。即使这样,公司里还是有解决不完的问题,甚至在半夜时,我还会接到车间打来的关于设备故障的电话。在这样的日子里,我一边焦虑,一边在寻找解决的方法。

5年前的一天,我学习了行动教育的"绩效飞轮系统"课程。我意识到,过去我们之所以焦虑,做事没有效率,是因为我们围着问题转,而问题是解决不完的。唯有明晰目标,围绕目标去管人、去解决问题,才不至于被问题追着跑,才能化被动为主动。于是我把"绩效飞轮系统"搬到了邦凯控股,结合企业的实际情况,设计出适合我们的

"绩效飞轮"体系,如图 7-2 所示。

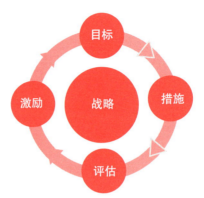

图 7-2 邦凯控股的"绩效飞轮"体系

"绩效飞轮"包括 4 个关键节点:目标、措施、评估、激励。这 4 个关键节点是一个反复循环前进、螺旋上升的管理过程。它是一个飞速转动的轮子,不断地重复着目标、措施、评估和激励的绩效管理流程。

为什么叫它"飞轮"?"飞轮"是从管理学大师吉姆·柯林斯的《从优秀到卓越》一书中借鉴的概念。我们可以想象有一个巨大的、无比沉重的轮子,如果想让它转起来,那么刚开始要用很大的力,轮子才能缓慢地转动起来。但是,只要我们用力的方向正确,一直推下去,轮子就会越转越快,到后面我们只需用很小的力,轮子依靠以往积聚的势能就能自动转得很快。如果我们依然很用力地推,它就会越转越快。"绩效飞轮"就是这样一个轮子。下面,我将分享我是如何用"绩效飞轮"来驱动整个企业经营的。

一、目标

"绩效飞轮"的第一个节点是制定明确的目标。企业所有的目标都来源于企业的定位与战略。我们通过对自我优势、竞争对手情况、目标用户需求三个方面进行分析,梳理出企业的发展方向,明确了邦凯控股的新定位——做聚酯膜细分领域的引领者。在这个细分领域里,我们选择了与自身生产线规模刚好匹配的"离保行业",这是一个有一定批量需求,但产品又极具差异化特点的市场。

围绕新的定位,我们很快分解了企业目标,**千金重担人人挑,人人肩上有指标**。有了指标后,该如何去衡量这些指标呢?促使我们团队达成共识的是"三看法则",如图7-3所示。

图7-3 衡量指标的"三看法则"

有了"三看法则"之后，大家可以据此量化自身目标了。而我要做的就是开一次目标复盘会，由各个目标责任人，汇报其量化的目标，并拿出相关数据来向绩效委员会说明自己所定目标的合理性……

由此，邦凯控股从"人管人"升级成"目标管人"的新模式。以前，我们认为目标是用来考核的，所以抵触目标，然后被问题追着跑。现在我们认为目标是用来管理的，我们不仅明晰了企业的未来，更重要的是，有了清晰的目标后，管理便不再是眉毛胡子一把抓了。它帮助缺乏实战经验的我，在复杂的经营活动中，围绕目标梳理出经营重点，让焦虑、浮躁的心得以平静下来。

二、措施

目标设定好以后，接下来企业还要帮助员工找到达标措施。为什么之前邦凯控股员工的达标能力差？因为我们缺乏工作方法论。若凡事靠自己摸索，试错成本就会很高，绩效就会大打折扣。

员工的工作方法论从哪里找？答案就是培训、辅导和支持。

我们会定期组织不同层级的员工进行培训，帮助他们提高认知和格局；作为领导者，我们把自己当成下属的"后援团"，随时准备帮助下属解决他们解决不了的问题；我们还制定了"师徒制"，让老员工带新员工。

优秀的企业一定非常擅长做知识管理，善于将业务高手脑子里的隐性知识提炼成可在企业中分享的显性知识，将成功要素解构出来，提炼成标准化的"套路"，并存进企业的"知识银行"。任何一个新人进入企业，都可以通过提炼好的"套路"，迅速复制有效的达标方法，将其转化为自己的能力，并做出业绩。所以，任何一个领导在管理部门时，必须用各种机制，让业务高手总结自己的成功经验，再将其提炼为标准动作进行分享，这样才能将达标方法推行下去。

三、评估

"绩效飞轮"的第三个节点是评估。只有通过评估、检查，我们才能及早发现员工的问题，以便对症下药。事实上，我们并不害怕员工犯错误，因为犯错误在所难免，关键是企业必须有一套及时检查的系统，只要能够提早发现并纠正错误，企业就不会陷入更大的麻烦之中。

具体来说，企业应该如何评估呢？评估**必须逻辑清晰，**

从上到下分级分段完成。

第一段：企业经营者评估高管团队。我每月会对照目标，逐一检查、评估高管团队的目标是否达成，一切用数据说话。我的检查从不间断，一年一共检查 12 次。每到月底，企业的高管团队必然会面临一次大考。

第二段：高管团队评估中层管理者。企业的高管每周会准时召开绩效会议，检查中层管理团队的目标达成情况。我也会定期参加这个会议。

每周评估什么内容呢？对照目标，主要检查每周目标的实际达成情况。目标定出来了，标尺就有了。我们只需要对照标尺量一量，检查实际业绩与目标的差距，然后及时反省，找出原因，并提出改进方案。

第三段：中层管理者评估员工。中层管理者每天要对员工进行检查、评估。我们使用了行动教育的"三每三对照"评估法。"三每"指的是每人、每天、每件事；"三对照"指的是在一天之中进行的三次目标检查。"三每"强调员工要将自己每天最宝贵的时间花在一件最有价值的事上。对于绩效评估来说，更重要的是"三对照"，也就是每天早上晨会对照目标、中间对照过程、晚上夕会对照结果，分析目标的达成情况，总结反省差距，并提出改进方案。如此一来，企业从一开始就将员工每天的工作纳入评估机制之中了。

四、激励

完成评估以后，企业就要进行考核兑现，善用激励机制。

如何判断一家企业的激励机制设计得好不好呢？它必须满足两个条件：一是有清晰的价值主张，任何人进入企业，都知道做什么事情会得到奖励，做什么事情会受到惩罚；二是奖罚要拉开差距，企业不要小奖小罚，而是要大奖大罚。

设计激励机制要利用人趋利避害的特点，通过大奖大罚且双管齐下的方式，达到激发员工自驱力、调动员工工作积极性的目的。所以，整套激励机制全部都会固化为人力资源管理制度、财务管理制度等。

"绩效飞轮"为"老旧"的邦凯控股装上了"崭新"的引擎，企业从外到内焕然一新，绩效倍增。最重要的是，企业从"人治"管理模式变革为科学的管理模式，这是企业开创未来的根本。

最后，作为"创二代"，我还想说些感性的话。在经营邦凯控股的过程中，除了了解经营企业的道与术，我深刻地明白了一个道理：我们要与父辈和平共处、互相欣赏、相互帮助。在接班的过程中，我经历了很多，承载了很多，也收获了很多，我曾一度对父亲产生了许多的误解，心里怪他为什么只抓产量不抓质量，导致产品在市场上没有竞争力；为什么明明资金不充足，还要做那么大的项目，导致基础设施的建设不完整，留下了很多后遗症……在经历了企业的变革之后，在经历了商场的风风雨雨之后，我开始理解父亲的每一个决策，体会到了他的不容易。这些决策放在当时的时代背景和市场经济环境下，是正确的。如果没有这些决策，就不会有今天邦凯控股 8 亿元产值的基础。

有一段话送给所有的"创二代"共勉。

"我们是传承者，我们有企业、有资源，但，我们不要复制而来的成功，我们要世界认可我们的价值！我们是开创者，我们有想法，有能力，有远见，但我们不要躺在功劳簿上吃老本，我们要未来有我们的传说。我们都是'创二代'，'创二代'不是某一群人，而是着眼于未来的成功者。"

第八章

大单品战略：
一品定天下

品牌从大单品战略开始，打造、培育和做大大单品，是品牌创建的核心。创建品牌的过程，就是创建大单品的过程。

——豫之星创始人　李国建

做多产品重要，还是做大单品重要？

对于不少大规模的实力派企业而言，只有单一的产品线显然是不现实的，按照惯常思路，只有拥有两种以上的产品，才能更好地支撑企业的发展。然而，多产品发展的思路真的有必要吗？难道企业想要成功就必须走多产品发展的道路吗？

对于实力雄厚的大企业而言，比如宝马、索尼这样的巨头，多产品发展并非什么难事。可是，对于绝大多数还处于上升期的普通企业而言，它们显然还没有成熟的技术与匹配的规模去推动多产品的研发、制造、销售等环节的工作，那么它们还能选择多产品发展道路吗？

我的结论是：**做大单品比做多产品更重要**。为什么？原因有以下三个。

一是我国大多数企业处于发展或上升的阶段，企业实

第八章　李国建
大单品战略：一品定天下

力和规模都有限。近年来，行业洗牌、整合并购加速，在这种情况下，如果贸然采取多产品战略，而不是培育自己的战略大单品，企业会面临巨大的风险。

二是企业的财力、物力、人力有限，在不确定的时代，开发多种产品组合，势必会在单个产品方面投入有限。那么，企业的所有资源将被分散，这种未能集中企业所有资源去打造的产品群，一旦推向市场，缺乏核心竞争力，很快会被市场淘汰。同时，资源的分散还会给企业带来管理复杂、效率低下、损耗加剧的局面，长此以往，企业的效益只会越来越差。

三是市场上日益严重的同质化现象。在竞争越来越激烈的市场现状下，只有提供差异化的产品与服务，才有可能脱颖而出。

相反地，如果企业能够专注于一个产品或服务，兢兢业业地把这个产品和服务做好，做大单品，那么企业就有赢的可能。在目前的市场环境中，广撒网往往捕不到鱼，如果专注于一个产品或服务，把它做到极致，往往会取得巨大的成功。这就是豫之星开创未来所采用的大单品战略。

在离散的低集中度的农资零售行业中，面对群狼的撕咬，企业要想杀出重围，异军突起，打造差异化优势，就要集中兵力打歼灭战。从 2019 年开始，我们定下了大单品战略，重新定义了国产农药，开启了国产农业增产药的新时代。用一年半的时间，我们打造了行业的第一个大单品，实现了"一品定天下"。

选单品：能生根、潜力大、有激情

什么是大单品战略？

做大单品就是瞄准当前市场上最具发展潜力的产品，进行品类创新，集中企业所有的力量培育出自己的大单品，依靠做大单品建立品牌。大单品战略就是把打造大单品上升到企业战略的层面。**只有上升到企业战略的层面，企业全员才会重视，才能成功打造出大单品。**

有许多依靠成功的大单品突出重围的企业，也曾泥足深陷在"贪多求全"的旋涡中，但好在最终仍然找到了最佳战略，成功突围。

养元饮品生产的"六个核桃"就是一个典型的案例。养元饮品最初的定位是饮品公司，对于市场主流饮品均有涉足，品类高达 15 种。但显然，在多种品类饮品赛道上均有强力竞争对手的情况下，"新面孔"养元饮品很难获得优势。

果然，企业的道路越走越艰难，眼见将要被拖垮时，

第八章 李国建
大单品战略：一品定天下

养元饮品做出了一个大胆的决定：将所有的重点都聚焦在一个大单品身上。这个帮助养元饮品突围的任务，最终落在了核桃乳身上，而养元饮品也依靠"六个核桃"打赢了这场翻身仗。仅用一年时间，养元饮品的销售额就达到 3000 万元；2011 年，销售额更是高达 30 多亿元，并且在后续接连创造销售奇迹。

反观豫之星，在没有实施大单品战略之前，已有 200 多个品类，尽管品类很多，但却没有形成一个强势的大单品。当时的豫之星以市场为导向，市场上需要什么就生产什么，不断地开发新产品，不断地满足用户的需求，一路发展下来，回头一看，豫之星旗下的产品已经有数百个，但是却没有一个能够独挑大梁的大单品，犹如群龙无首。

当我们意识到大单品战略的重要性和必要性后，我们开始在企业里寻找适合做大单品的产品。那么，大单品有什么样的特征，换句话说，企业要如何挑选出适合的产品来做大单品呢？

经过筛选，我们把企业里的 200 多个品类缩减至 12 个品类。看着辛苦做出来的产品，我们开始犯难了，不知道如何取舍，它们就像我们的"孩子"一样，仿佛手心手背都是肉，不知道如何缩减才能找到真正的大单品。这时，我想起了李践老师在课堂上讲的"**经营的本质，不是做多，**

而是做少"。很多企业之所以会陷入投入大、产出低的怪圈,就是因为企业经营者的机会导向思维,盲目追求产品多、用户广、市场大。结果把80%的时间和资源花在了产出低的产品身上。

真正的大单品,不一定在市场销售火爆,不一定人人都知道它,但是它所贡献的市场份额、利润,以及持久力表现都是最出色的。基于此,我根据自己的所学、所思,以及在豫之星的实践情况,总结出"三维洞察法"方法论,如图8-1所示,以帮助企业找到适合做大单品的产品。

图8-1 三维洞察法

大单品的第一个特征是"能生根"。"能生根"有两层意思,一是企业挑选的产品要在领域中位居第一,一个超级大单品,一定是细分品类的第一名;二是该产品要具有独一无二的优势,有持续性,产品生命力强,不仅畅销,而且常销,不会被行业内其他企业生产的产品代替。

大单品的第二个特征是"潜力大"。"潜力大"是指这个产品一定能持续产生高利润,单品销量大,不仅是企业内部的旗舰性产品,能够成为品牌的代表,更是行业的标杆,以及企业发展的支柱。

大单品的第三个特征是"有激情"。"有激情"是指产品本身具有极致性特点,能够让用户喜欢它,能够获得行业竞争对手的认同、追随与模仿。

基于以上三大特点,我带着团队在剩下的 12 个品类中找到了豫之星的大单品——"小蓝帽"。当我选定"小蓝帽"作为豫之星的大单品时,遭到了企业所有人的反对。因为当时的"小蓝帽"年销售额仅仅只有 2 万元,而当时豫之星有一款产品的年销售额是 1000 万元。为了让全员对大单品战略达成共识,我向大家分享了自己的"三维洞察法",虽然年销售额 1000 万元的那款产品在现阶段的利润高,但它不能"生根",没有持续性。而"小蓝帽"是新品,虽然现阶段的销售额不高,但它却具备"能生根、潜力大、有激情"的特征。

企业在挑选大单品时,不要看三年、五年、十年,要往后看二十年。只有看到二十年后该产品的样子,才能知道这个产品的潜力有多大。

企业找到了符合做大单品的产品，并不意味着这款产品就可以自然而然地成为企业的大单品。接下来，企业要对这款产品进行打造。如何打造呢？

基于自己的学习、思考和实践，我总结出企业（特别是农资企业）打造大单品的方法论，这个方法论可以归纳为"大单品打造三部曲"。

做聚焦：以十倍力量，做一件产品

在行动教育的课堂上，李践老师分享过一个他踩过的"坑"。

1991年，李践老师创办的风驰传媒开始做户外广告业务。1992年，企业的利润达到了600万元，在云南同类企业中排名第一。当时的李践老师打算利用多元化进一步做大。于是出现了这样一幕：

用户问："李践，你们做不做报纸啊？""做！"

"你们做不做电视代理？""做！"

"你们做不做印刷啊？""做！"

"你们做不做礼品啊？""做！"

"你们做不做活动啊？""做！"

第八章
大单品战略：一品定天下

"你们做不做展销会啊？""做！"

……

只要用户敢说，李践老师就敢做。风驰传媒的产品线从户外广告业务开始不停扩展……每年都要增加新的产品线，到了1998年，风驰传媒的收入达到了2亿元，利润达到2700万元。

有一天李践老师在看财务报表时突然发现不对劲：创业第一年时，企业利润率有40%，如今怎么只有13.5%？经过层层分析，李践老师找到了原因：最早的产品线——户外广告业务的利润率有45%，接下来做的产品中，有10个产品的平均利润率只有5%，10个产品保持盈亏持平，还有16个产品处于亏损状态。这时，李践老师才明白问题出在哪里——**没有聚焦**。为什么第一年做得很好？因为那时候风驰传媒集中所有资源只做户外广告业务。

后来为什么做得不好？因为企业虽然做了很多产品，但并没有足够的资源和能力为其他业务创造独一无二的用户价值，自然得不到用户的认可，也就得不到合理的利润回报。

做产品就如同钻井，如果我们连一口井都没有钻到底，就又开了1000个井口，最终的结果可能是：每口井都只能挖到1米的深度。豫之星想要打造出大单品，就要遵循"1米宽，1000米深"的钻井规律，聚焦、聚焦、再聚焦，这样才能集中力量挖出"1000米深、10000米深"的深井。

我们用十倍的力量,集中所有资源做大单品。我们带领企业的核心团队通过科学的方法,研制出既能治病又能增产的"小蓝帽"增产药。在研制"小蓝帽"时,豫之星进行了累计超1000次试验和300次技术改进。小麦发生一次病害,我们就改进一次;发生一次冻害,我们就再改进一次。我认为,每当遇到一个新的问题时都是一次革新的机会,每改进一次便突破一次技术壁垒,不仅使用户得到实惠,我们也成为受益者。

比如正阳县大村乡姚庄村黎庄组的农民李红海,家有40亩地,稻麦轮作,家人已经种了半辈子地,从没外出打过工。他把全部的希望都寄托于这片土地上,所得收入全部用于供儿女上学成家。平时全家人迎来送往的日常开支,全倚仗着种田的收入。因此种庄稼的收入,也是李红海最关心的事情。

6年前,李红海在王军农资店发现了金帝博增产药("小蓝帽"增产药前身),就一直用于自家稻麦,使稻麦不得病,每亩增产200斤。2年前,金帝博增产药改名"小蓝帽"增产药,李红海来购买"小蓝帽"增产药的时候,获赠了一顶"小蓝帽"推广布帽。从此,李红海将"小蓝帽"戴在头上,很少摘掉过。冬天避寒,夏天防晒。

李红海说,"小蓝帽"增产药让他种的地得到了增产增收,每年都能多挣 1 万多元,并且收获的粮食饱满有光泽,非常容易卖。

用户的口碑才是大单品的"金杯",当"小蓝帽"增产药得到越来越多的用户信任时,我深刻地认识到,**用十倍的力量聚焦打造大单品,持续不断地为用户提供独一无二的价值,才是打造大单品的不二法门。**

为了让"小蓝帽"产生最大的价值,我们聚焦一个目标,不断往深处走,把这款产品做到超越用户的期望。当我们开始聚焦打造大单品时,逐渐形成了自己的竞争壁垒。我们根本不用担心自己的产品被竞争对手复制,因为当对手将产品做到"100 米的深度"时,我们已经将其做到了"1000 米的深度"。

所以,企业在打造大单品时不需要做很多,只需要聚焦一件事情就够了。这就是企业打造大单品的"第一部曲"。

占心智:建立产品差异化定位

企业聚焦打造大单品时,以十倍力量做一件产品就一定能打造出大单品吗?

不一定。

"酒香也怕巷子深",有了好的产品,如何让其获得市场成功,答案是抢占用户的心智,在用户心中建立差异化定位。这就是打造大单品的"第二部曲"。

如何抢占用户心智,建立产品的差异化定位呢?我用到了"两品一定法则"。"两品"是品名和品相,"一定"是产品的定位语。

一、品名:好名字是产品成功的开始

如果说高品质是一个大单品必须具备的内在特性,那么一个好的名字就是大单品的外在标签。

从传播学的角度来讲,一个好的产品名字,能够瞬间带给用户一种天然的吸引力。相反,名字没取好,就算产品品质再好,也有可能在市场上"摔跟头"。

如何给大单品取一个好名字呢?

我认为,一个好的产品名至少要具备两大特点。**第一个特点是能记住。**

我们在给大单品取名时,也曾陷入一个误区,认为好名字首先要有内涵,比如"小蓝帽"之前的名字叫"金帝博"。豫之星用"金帝博"作为大单品的名字有四年时间,尽管很多用户也在使用这个产品，但当问及使用的产品叫什么名字时，90%的用户都说不准确。同时"金帝博"的名字还让很多初次接触它的用户不知道这是什么产品，甚至很多用户光听名字以为这个产品是保健品。

后来，我们进行了测试——找不同的人记忆"金帝博"和"小蓝帽"两个名字，结果发现"小蓝帽"的名字几乎听一遍就能记住，记住就意味着占领用户心智的开始。所以，我们把大单品的名字从"金帝博"改为"小蓝帽"。

好名字的第二个特点是自带超级符号。什么是超级符号？就是当用户听到产品的名字时，所联想出的形象符号。当用户听到"小蓝帽"时，脑子里形成的符号是一顶蓝色的帽子，这就是豫之星的超级符号。

在这个信息大爆炸的时代，一个人关注一条信息最长用时是多少呢？答案是 8 秒，注意力高度稀缺，要求企业为产品取一个自带超级符号的好名字，这样才能瞬间抢占用户心智。

二、品相：不同胜于最好

大单品除了要有一个好的名字外，还要有一个好的

"相貌"，这就是产品的品相。

农资产品和工业品不一样，在制作上很难有一个细致的量化标准，但是想要打造出独一无二的大单品，产品就必须有一定的辨识度，这个辨识度可以通过包装上的与众不同来实现。

在最初设计"小蓝帽"的包装时，考虑到90%的同行使用的都是红色的袋子，我们便使用"差异化定位"的策略，将"小蓝帽"设计成蓝色瓶装；同行用三袋一起的包装，而"小蓝帽"是一瓶装。不同胜于最好。重新设计包装的"小蓝帽"与其他同类产品相比，有五大不同：颜色不同、名字不同、使用方法不同、包装形式不同、价格不同。

经过一系列的设计之后，"小蓝帽"一上市便迅速燃爆了市场。

三、定位语：来自用户的口碑

大部分人应该能记住一两句耳熟能详的定位语。比如"今年过年不收礼，收礼只收脑白金""冷热酸甜，想吃就吃"等。而且很多人当听到定位语的上半句时，脑海中就已经浮现出下半句。脑白金、冷酸灵之所以能给用户留下极为深刻的印象，定位语发挥了很大作用。

好的定位语不是企业经营者坐在办公室里和几个高管讨论出来的，也不是营销高手帮我们策划出来的。**好的定位语来自用户的口碑**。为了给"小蓝帽"想一个好的定位语，我去将这款产品卖得最好的零售商那里，蹲在其门口，只要有人过来购买"小蓝帽"，我就问他为什么要购买这个产品。在连续问了近50个人以后，得到了很多相同的答案，"小蓝帽"的定位语就出来了。

前来购买"小蓝帽"的近50个用户说得最多的一句话是"这一瓶抵其他产品好几袋"。于是，我们把"小蓝帽"的定位语定为"一小瓶胜过好几袋"。

我们要如何验证大单品的定位语是否被市场接受呢？

有三个标准：一是用户在转介绍时是否会说这句定位语；二是零售商在销售时是否会说这句定位语；三是竞争对手是否会打击我们。

以上就是我总结出来的打造大单品的"两品一定法则"。其实，无论是品名、品相，还是定位语，最终都离不开大单品战略。只有通过深度的聚焦，我们的产品才有可能抢占市场制高点，成为名副其实的大单品；才有可能具备独特的个性，带给用户独特的价值。

开创:
企业创新谋变的 10 个法则

抢第一:竞争的格局,最后取决于谁是第一

企业找到了适合做大单品的产品,做聚焦,占心智,接下来的"第三部曲"是把大单品做成行业第一。这一步,我把它称为"抢第一"。

为什么要"抢第一"?

当以终为始来看待经营企业这件事时,我们会发现**商业的终点其实是成为第一**。无论我们选择卖过桥米线还是卖面条,这些都不是重点,关键是我们要成为所在领域的第一。

如何把大单品做到领域第一呢?我们有"四个第一"的目标,分别是认知第一、品质第一、绩效动作第一、单品销量第一。

一、认知第一

在豫之星,产品是企业的核心竞争力,认知则是企业的第一生产力。

若没有对整个农资行业的深刻认知,也就不会有"小蓝帽"增产药为每一块土地增产的事业。在决定做"小蓝

帽"时,我们的初心是让每个中国人都能吃上绿色健康粮食。

2018年,我带领豫之星举办"绿色增产中国行"活动,积极倡导绿色农业、绿色增产的理念。让大家重新认识农药,让更多的人知道现在的农药是绿色、健康、安全的。

2018年,豫之星推出了大零售运营模式,创办"11·12农资大零售节"、农资大零售联盟平台、200多家"小蓝帽"品牌店,这些举措在国内是首创,跳出了传统的B to C模式,直接下沉终端,贴近用户。

豫之星未来的战略目标——截至2025年,创办"小蓝帽"门店1万家,每家门店的农药必须是高效、低毒、低残留的,甚至是高科技的农药。"让作物更健康,让环境更美好,让每个人都能吃上健康粮",这是我们豫之星人的使命担当。"打造千万级农资零售店1万家,帮助10亿亩农田的种植户轻松种地",这是奔波在我国大江南北田野里的豫之星人怀揣的愿景。"马上行动,围绕目标找方法;持续学习,反复实践;今天最好的表现是明天最低的要求;诚信成为习惯就是最大的财富。"这是豫之星人秉承的价值观。

如果没有对超200万亩农户的推广应用,没有站在行业发展趋势的角度制定大零售方案,"小蓝帽"增产药的事业也就做不深,做不稳,更做不久。

二、品质第一

企业要打造大单品,品质第一是基础。为了打造出品质第一的"小蓝帽",我们使用的原材料都是顶级原材料,每个材料的制作环节都做到了第一。小蓝帽增产药,核心成分依然是吡唑醚菌酯①和氟环唑②。吡唑醚菌酯上市16年就在80多个国家/地区180多种作物上得到应用,被誉为是一款高效、低毒、广谱的全能型杀菌剂。查阅中国农药信息网发现,截至2019年年初,使用吡唑醚菌酯制作并登记的产品有550个,是所有农药产品中登记使用最多的。实验表明,吡唑醚菌酯偏爱绿色植物,尤其擅长通过调节光合作用促进植株健康生长,在作物植株的抗逆性、果实品质上表现良好,作物亩增至少10%。

---

① 吡唑醚菌酯:甲氧基丙烯酸酯类杀菌剂,通过抑制线粒体呼吸作用,最终导致细胞死亡,具有保护、治疗、叶片渗透传导作用。

② 氟环唑:兼具保护和治疗作用,适宜小麦、大麦、水稻、甜菜、油菜、豆科作物、蔬菜、葡萄和苹果等,在作物安全性推荐剂量下对作物安全、无害。

第八章　李国建
大单品战略：一品定天下

而氟环唑为广谱、高效、安全杀菌剂，符合世卫组织药剂残留毒性标准。在两者的配比上，我们进行了 300 次改善，超 1000 次试验，在配比量上多维度试验调整。国家药残标准是"高压线"，治病增产是最佳契合点。量多了，效果明显，药残超标；量少了，效果不明显；接近最佳点时，又出现不稳定性反应；下一场雨雪要调，经一场霜冻要调，遇一次干旱要调……反反复复，最终达到最佳契合点，只为追求使"小蓝帽"增产药达到无法取代的高度。

产品好不好，农民用户是最好的见证者，庄稼是最好的检验者。这句话被作为豫之星的建厂宗旨印在"小蓝帽"外包装上。

大单品特性是什么？一旦进入用户心智，便无可取代。我们力争让"小蓝帽"的品质成为行业第一、世界第一。只有拥有行业第一的品质，才能为产品带来第一的口碑，只有不断发酵的好口碑，才能迅速引爆大单品，以最快的速度抓住用户的心。无论什么时候，产品的品质都是打造大单品的根本所在。在如今这个时代，用户对品质的要求会越来越高。不去关注产品品质这个长期的保障，想在一夜之间做出大单品，无异于痴人说梦。

三、绩效动作第一

企业经营者一个人做不了大单品,要成功打造出大单品,一定是企业全员行动的结果。作为企业经营者,此时最重要的动作是排兵布阵,激活每个员工。为此,我们专门为"小蓝帽"建立了高标准的服务标准和服务流程,培训员工时按照标准和流程去做,并进行追踪检查,这是一套不一样的逻辑。我们推行的是高绩效文化,设计绩效机制,将所有人的利益都捆绑在一起,一荣俱荣,一损俱损。自然而然就调动了团队的积极性。

事实证明,在调整了绩效机制后,所有人的合作度都提升了,大家都一心一意瞄准第一,步调一致,拼命往前冲。

四、单品销量第一

企业想要打造大单品,就要让大单品的销量成为行业第一。如何让大单品的销量成为行业第一?我给大家分享一个案例。当时我们在跟竞争对手"抢第一"的时候,团队成员是有些发怵的,毕竟对手比我们的人多10倍,对手的大单品销量也比我们高4倍。这时竞争对手在做"示范田",企图用这一方式彻底打垮我们。在竞争对手的人力、物力都要强于我们数倍的情况下,我们如何打赢它们呢?

此时,我们策划了一个名叫"粮王争霸赛"的活动,目的是发动成千上万的农民用户帮我们做"示范田"。在这场活动中,如果用户的农田亩产超 2000 斤,那么他将获得 10 万元的奖金;如果用户的农田亩产没有超 2000 斤,那么他也将获得 2 万元的奖金。在这样的激励下,用户都抢着报名,据说一个报名点来了 500 人左右。在使用"小蓝帽"增产药的前提下,最后我们选出了"县粮王""市粮王""省级粮王"等获奖者。比如 2019 年"全国粮王冠军"牛月月辣椒套种小麦亩产 1518 斤;河南农户赵纪斌十年绝收盐碱地亩产 900 斤……

通过这场活动,"小蓝帽"的增产效果彻底征服了用户,抢占了用户的心智,也在用户那里形成了口碑效应。由此,"小蓝帽"走上了行业单品销量第一的道路,我们占据了行业里 20 个生产环节的第一。截至 2021 年,"小蓝帽"已经突破一亿元的销售额,成为行业第一大单品。

当我们成功打造出"小蓝帽"这个大单品后,很多人说:"豫之星不需要再继续开创了,依靠这款大单品可以过得很好。"**企业打造大单品是一个持续努力开创的过程**,需要持续迭代、升级产品。因为时代在发展,我们不成长、不迭代，就会被淘汰。那时，我们成功打造出来的大单品也会变成一个"被用户抛弃的产品"。

人类要生存，就离不开清泉和米粮。豫之星，扎根黄河岸边的中原大地，汲取中华文明发源地几千年的文化滋养，以最澄澈的思考，共商、共建、共享谋发展。未来，我们将通过大单品战略继续开创未来，为让每一位中国人都能吃上绿色健康粮食而奋斗终生。

在 2017 年以前，连锁便利店就像没有"王子"看得上的"灰姑娘"，"弯腰捡钢镚""赔本赚吆喝"是同行交流时常用的两句自嘲的话。经营管理难度大，投资回报率低，竞争激烈、盈利难，使得这个行业鲜有资本问津。哪怕许多国外知名品牌已经取得了很好的成绩，在国内资本的眼中，这个行业依然利润微薄，不值得投资。

这一景象在 2017 年发生了翻天覆地的变化，随着"新零售"这一概念的传播，连锁便利店第一次进入资本视野，成为万众瞩目的"新风口"。分析其背后的原因，主要有三点：一是在传统零售业态中，大卖场销售额持续走低，连锁便利店开创了一些新的打法，未来可期；二是不成规模的个体便利店、"夫妻店"面临着竞争与升级，连锁化将成为必然趋势；三是线上流量饱和，线下距离用户最近的便利店的价值凸显，成为新的流量入口。

第九章 张 磊
会员精准营销：提升用户终身价值

一时间，"7-11"、罗森、全家等便利店开始在我国各大城市的街道上密集分布，成为年轻人打卡、聚集、消费的重要场所。虽然资本的疯狂进入以及连锁便利店的迅速扩张，使得行业的问题频现，但这并不影响这个行业具有极大的发展潜力。

我来自上海，在与这座城市一起成长的过程中，我亲眼见证了众多连锁便利店如雨后春笋般出现在上海的大街小巷。幸运的是，我不仅是这个过程的见证者，更是推动这一局面发展的亲历者。2003年毕业后，我进入连锁便利店行业，在一家知名的日本连锁便利店企业一干就是十多年。深耕便利店连锁经营多年，在所谓的"风口"到来之前，我便无比坚信连锁便利店是一个值得期待的行业，是一个不可能被抛弃的业态。在城市的大街小巷，必然有一盏又一盏24小时亮着的灯火，服务着千家万户。

既然城市离不开便利店，那为什么中国人不能有自己的便利店呢？不知从何时起，这个问题开始萦绕在我的心头。纵观目前我国各大城市中常见的连锁便利店，几乎都是日本品牌，日本的连锁便利店品牌起步早、发展成熟，有独特的行业经验，在行业内几乎是难以企及的存在。

2014年，我来到武汉加入了新的连锁便利店企业，并且一切都进展得很顺利，也做出了一些成绩，但离"便利店品牌"还相差甚远。2017 年，受江西新力集团的邀请，我来到南昌，开始组建一个全新的便利店品牌——有家。创业是艰难的，在国外便利店品牌雄踞国内市场、国内本土便利店无法比肩的行业环境下，有家便利店用 4 年的时间从 1 座城 1 家店，发展到了 6 座城 950 多家店，在 2021 年中国便利店 TOP 百强排行榜中排名第 25 名，成为存量时代新便利经济的开拓者。

4 年开了近 1000 店，有家呈现的快速扩张的故事听起来与此前倒闭的邻家、全时等过于相似。"在整个行业经历过资本狂热、无序扩张、一地鸡毛，再到今天回归新常态之后，便利店业态更大的、新的可能性是什么？如何让有家实现快速增长且持续增长？"这是我一直在思考的问题。

经营者的持续学习和创新的能力是促进企业可持续发展的关键。为了解决有家的这些问题，开创有家的未来，一次偶然的机会，我走进了行动教育的课堂。在李践老师的课堂上，我学习了"择高而立"的战略定位方法，学习了"企业要以终为始，提升用户的终身价值"等经营理念。

学成而归后，我和团队在经过几轮讨论，达成共识后，做了三个动作：战略定位、创新经营和会员精准营销。目的是把用户从短期用户发展成终身用户，使他们的生活更便利，让城市更温暖。

择高而立：做中国便利店第一品牌

如何让有家便利店拥有更大的发展可能？这得从企业战略说起。李践老师在《赢利》一书中写道："战略是从 A 点到 B 点。"达到 B 点，则需要进行战略设计，设计出企业未来的样子。为此，我们学习了行动教育战略设计的方法，主要分为两步：第一步是定标，第二步是对标。

一、定标：做中国便利店第一品牌

做中国便利店第一品牌，首先是企业战略设计的必然要求。

在行动教育的课堂上，我对"战略"二字有了全新的认识。在李践老师讲到企业 3~5 年的战略规划时，令我感触最深的一句话是：**要么做第一，要么做唯一**。便利店已经不是一个新鲜的行业，且有国外几大品牌在前，有家便利店绝不可能成为唯一,那么就只有做到第一。

事实上,无论是选择做小规模的区域型连锁便利店,还是覆盖全国的中国便利店第一品牌,需要付出的努力,要做的事情其实都是一样的。从我们选择做连锁便利店的那一刻开始,我们都需要选址、装修店铺、招聘员工、研发商品、定价、宣传营销……所有经营便利店的流程环节,一个都不会少。

但如果我们要做便利店第一品牌,那么我们就会按照第一的标准要求自己,在选择地址、装修店铺、招聘员工、研发商品、制定价格、做宣传营销方式……都做到第一,而不做便利店第一品牌,则意味着我们不需要事事做到第一,可以马马虎虎、随随便便地去做。所以只要是做连锁便利店,花费的时间、精力和要走的流程,差距并不大,但结果却千差万别。

古人云:"不谋万世者,不足谋一时;不谋全局者,不足谋一域。"做第一还是做末尾是一种选择,是企业战略方面的事情,它几乎决定了企业能够飞多高、走多远。

如果我们一开始就只将有家便利店的战略定为第 30 名的便利店,在成为第 25 名时我们就会沾沾自喜,认为目标已经达成,不需要再努力了。也许有人会说,达到了既定目标后,我们还会继续发展,不会停滞不前。但这就像我

第九章 张磊
会员精准营销：提升用户终身价值

们攀登一座高山一样，如果我们一开始的目标就是爬到山腰，到了山腰之后我们就会泄气，紧绷的神经松懈后，再想起步往上爬，就会感到身躯异常疲惫，攀爬格外艰难，在大多数情况下，我们爬不到山顶就会放弃。

而当我们立志做第一名时，我们就会发现第25名离我们的目标还非常遥远，还需要坚持奋斗，这时我们就能坚守长期主义，持续发力。就像我们爬山一样，心中一直存着一口气，支撑我们爬到山顶。

随着马太效应的加剧，未来的连锁便利店行业已经不允许我们只做第30名，甚至连做第4名、第5名都不行，如果不朝着行业第一的目标迈进，我们很快就会面临被市场淘汰的厄运，那些排在我们前面的第1名、第2名、第3名会不断发力，挤压企业的生存空间。

做中国便利店第一品牌，其次是因为国内品牌有了与国外品牌抗衡的土壤。

我是一名"80后"，小时候，我买的鞋是回力、飞跃等国产品牌，我买的自行车是永久、凤凰的。但当我看到其他同学穿着耐克、阿迪达斯的鞋，骑着捷安特自行车时，我心里非常羡慕。我们那一代人，对于进口的商品有莫大的追捧之心，鞋、自行车、电视机等凡是可以选择的商品，几乎都愿意购买国外的品牌，因为国外的品牌代表着高质量、高价格,使用这些商品,说明我们"有品位""有身价"。

近些年,中国品牌无论是在本土消费市场,还是在全球竞争格局中,都发生了深刻变化。在国内,年轻一代的朋友不再以购买进口商品为荣,反而越来越支持国货,对国货的接受度、喜爱度空前高涨,比如我带着我的儿子去买鞋时,他告诉我:"不要买耐克、阿迪达斯,我要买李宁的鞋。"在海外,中国品牌也不再是低端与仿冒的代名词,而是高端与品质的象征,比如华为、小米等手机品牌开始取代苹果,远销海外,受到世界各国/地区人民的喜爱。

短视频关键意见领袖交易平台微播易发布的《2022年中国新消费品牌发展趋势报告》显示:近年来,伴随着我国国力提升、国际话语权提升等因素,人民文化自信、民族自豪感提升,我国传统文化备受关注,国潮市场品牌增速为普通品牌的3倍之多,尤其是在数码、服饰、美妆领域,越来越多的用户愿意为我国传统文化消费,渴望在国潮消费中找到对中国文化的归属感、成就感。

国潮崛起,一方面体现出国民消费需求的改变,以及文化自信的提升,彰显出国货品牌发展的新潜力;另一方面体现出国货品牌自身在不断努力，凭借其过硬的商品质量、实惠的价格赢得用户的信赖。

由此可见，我们的国货品牌已经拥有了足够与世界品牌抗衡的土壤。在连锁便利店行业，国内还没有一个品牌能够与前三大品牌抗衡，既然土壤已经具备，那么我希望通过自己与团队的努力，让中国的品牌与世界品牌抗衡。这并不是要求用户在消费上抵制国外品牌，而是真实地让用户感受到有家不比国外品牌便利店差。

二、对标：行业的痛点，就是我们的价值点

如何打造中国便利店第一品牌？如果不思考怎样达成，打造中国便利店第一品牌就是一句口号、一纸空文。在思索这一点时，我从李践老师提出的"站在行业标杆的对立面思考"中得到了启发，对行业标杆进行了分析，找出了行业标杆连锁便利店存在的两大痛点。

1. 内部：增长过度依赖门店扩张

连锁便利店运营比较看重规模，需要依靠规模效应才能获得更高利润，在规模化运作下，供应链和运营成本会被摊薄。根据行业经验，便利店门店数量达到100家时开始出现成本效益，数量达到300家时规模效益比较明显，

并且连锁便利店通常需要在一个区域内密集开店，这样做一能节省配送费用，二能节约运营成本，三能增强区域内的品牌效应。

于是人们评判连锁便利店的经营好坏时，常常以门店数量作为评判依据，认为门店数量越多，说明连锁便利店利润越高、发展越好。

但事实真的如此吗？在增量市场中，连锁便利店确实需要不停地开店，以攻城略地、占据有利位置。然而连锁便利店发展已经进入存量市场阶段，市场已经趋于饱和，不停开店会导致成本大幅度提升，利润却上不去。

有家便利店在发展初期，也一直在追求规模效应，我们用4年的时间进入6个城市，开了950家店。事实上我们开设的门店不止950家，已经超过了1000家店，但我们也关闭了很多店，否则我们将被高昂的租金、运营成本、商品库存等拖垮。

我们在分析行业标杆时，也发现了不少类似的情况，几乎所有的连锁便利店增长都过度依赖门店扩张，希望以数量取胜。

事实上，商业的本质是什么？是**用最小的投入，获得最大的价值**。现在的情况却是很多连锁便利店陷入了投入大、回报少的怪圈。回报少，企业做的就是无效投入，会造成巨大的资源浪费。这是每个连锁便利店内部的痛点。

2. 外部：同质化严重，用户缺乏体验感

某天晚上 11 点，小汪结束了一天繁忙的工作，走出办公大楼，习惯性地走进了公司楼下的便利店，挑选了一个三明治，买了一瓶水，以此来消除一天的疲惫。小汪公司所在的街道，开了大大小小几十家便利店，几乎囊括了市场上的主流连锁便利店品牌，每当夜幕降临，整条街上都闪烁着各种颜色的灯牌。但小汪没有特别喜欢的便利店，因为他认为这些便利店几乎都是一个样。

这就是在连锁便利店行业中，外部普遍存在的另一个痛点：同质化严重，用户缺乏差异化体验感。

这种同质化表现在三个方面，一是连锁便利店的商品结构相似，几乎 70% 的便利店售卖的商品都是一模一样的，用户没有过多的商品选择空间；二是连锁便利店的营销手段相似，大部分连锁便利店都采用发放优惠券、组建用户微信群、商品打折等营销手段，只有在优惠力度比较大时，才能吸引用户的注意；三是提供的服务相似，目前连锁便利店的管理模式几乎都是学习日本品牌，很多服务都是雷同且机械的，比如在用户进店时说一声"欢迎光临"，在用

户离店时说一句"欢迎下次光临",就再也没有其他特别的服务了,而且在一些管理不到位的连锁便利店,服务员的脸上都没有笑容。

李践老师说:"**标杆的痛点,就是我们的价值点,因为这是标杆对手的软肋。**"这句话同样给了我很大的启发,无论是增长过度依赖门店扩张,还是连锁便利店同质化严重的问题,都需要我们用不断创新来解决,有家便利店要成为中国便利店第一品牌,就要做到其他连锁便利店做不到的,创造出独一无二的价值。

创新经营:数字化实现逆势增长

当今世界正面临百年未有之大变局。未来 10 年将是世界经济新旧动能转换的关键 10 年,人工智能、大数据、量子信息、生物技术等新一轮的科技革命催生了大量新产业、新业态、新模式,给全球发展和人类的生产生活带来了翻天覆地的改变。因此李践老师讲到,今天我们面临着三个关键词——全球化、互联网、用户觉醒。全球化愈演愈烈,势不可挡,我们无法改变。而互联网和用户觉醒,我们却可以充分利用,这既是时代对我们的驱策,又是我们可以

第九章　张　磊
会员精准营销：提升用户终身价值

加以利用的"重型武器"。

这个观点在我们从战略上确定做"中国便利店第一品牌"后，便经常出现在我的脑海中。如何通过战术来实现"中国便利店第一品牌"的战略定位，如何为用户创造出独一无二的价值？

要为用户创造出独一无二的价值，企业要创新，要做差异化，要和竞争对手不一样。不是为了创新而创新，而是基于用户价值做创新。按照 4P 营销理论的基本策略组合，即产品、价格、渠道和促销，不管做什么行业，如果我们想做到第一，这 4 件事都是硬实力：我们的产品有独一无二的价值吗？我们的定价锁定了哪个用户群？我们的推广能让用户知道并动心吗？我们有多少线上渠道和线下渠道？用户每天消费多少？这个消费量能否最终决定我们成为第一？

李践老师在其线上课"锁定企业增长新出路"上分享了一个观点：**站在行业标杆对立面去思考企业增长的新出路**。一语惊醒梦中人，难道有家只能通过门店扩张产生业绩增长？当所有便利店都在通过这一运营模式实现业绩增长时，我们是否能够反其道而行，通过挖掘会员潜力来提升企业的业绩。有家便利店总计有 400 万会员，数量看起来很多，但几乎都是我们在做"全场第二件半价"等促销活动时吸引来的,有许多会员参加了活动后便再也不会光顾门店。所以在有家便利店庞大的会员数量中,真正一个月超过 6 次、一周超过 1.5 次光顾门店的高黏性会员可能不到 10%,我们为什么不能在存量市场中把会员好好地"打磨"一下呢?

这就是一个很好的突破口。基于这个突破口,我们进行了便利店新经营模式的深度思考:有家便利有平台,有接近 950 家门店,有 400 万会员,我们缺的是什么?缺的是移动互联网技术,缺的是如何把平台与有家的会员连接在一起。

如何查缺补漏呢?在数字化时代,我们可以利用数据精准分析每一个会员的消费习惯并投其所好,提升用户的购物体验。数据在当今企业的发展中起到了至关重要的作用:网上交易大大缩短了企业采购原材料的时间,降低了企业的采购成本;建立在数据之上的企业生产分工更加科学、合理,能够降低企业的生产成本。在网络经济时代,数字化技术是一种关键的工具和手段,能帮助企业深入挖掘并满足用户的需求,迅速占领市场。

在打造会员精准营销系统前,其实我们也应用了数字化技术,记录了每位用户到有家便利店的消费数据,比如他们的年龄、客单价、喜好及进店频次等。但我们并没有对此进行深入分析和研究，没有利用好这些数据，因此我们原有的会员及门店系统体系，并没有真正将平台与会员连接起来，如图 9-1 所示。

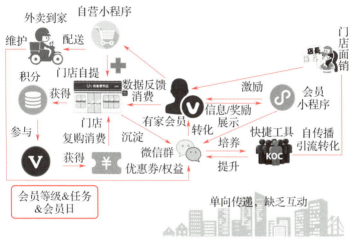

图 9-1　有家便利店原有会员及门店系统体系

通过这张图我们可以看出，有家便利店原有的维系会员的方法是会员到有家便利店消费后可以获得积分，积分可以消费，也可以作为抵用券抵消下次消费的相应费用。但这些积分或抵用券发放到用户手上后，我们是被动的，因为我们不知道这个用户会不会在收到抵用券后就来有家便利店门店消费，也不知道他什么时候会来，对此我们一点把握都没有。尽管我们还可以通过微信群、会员小程序、KOC等方式引导用户到店消费，但这同样是单向传递，与用户之间缺乏互动，如果用户对我们发布的信息不感兴趣，用户完全可以置之不理。

那么，怎样能做到让我们发布的信息是用户感兴趣的呢？让我们不再单向传递，而是与用户"双向奔赴"呢？我们要做开拓、做变革，要投其所好，发现用户的隐性需求，并用数字化、智能化满足需求，从而实现价值创新。为此，我们在原有的会员及门店系统体系上添加了"人群画像"这个模块，如图9-2所示。

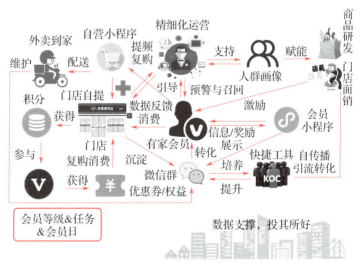

图9-2 有家便利店会员精准营销系统

第九章
会员精准营销：提升用户终身价值

有家便利店有 400 万会员，我们为什么不能通过大数据把这 400 万会员的画像画清楚呢？他们是男生还是女生？属于哪个年龄层？早上喜欢吃包子还是面包？喜欢喝牛奶还是豆浆？中午喜欢吃辣的饭还是不辣的菜？下午喜欢吃关东煮还是烤肠？这些信息我们都可以通过大数据对应到每个会员的画像，然后定点给每个人推送他们喜欢的商品的优惠活动。

比如我们通过大数据锁定一位会员喜欢吃关东煮，并且喜欢吃素食。有家便利店"上新"了一款萝卜关东煮后，我们定点给这位会员推送了优惠信息，告诉他萝卜关东煮原价 3 元，会员尝鲜价只要 1.5 元，我们相信会员会愿意到门店尝试一下，毕竟推荐的商品是他喜欢的，并且优惠力度很大。

抛弃大水漫灌式的营销方式，利用数据定点将商品推销给有需要的人后，有家便利店的促销达成率大幅上升，并且原本进店频次并不高的会员会因此成为高黏性会员。尝试做了一段时间后，我们将行业标杆便利店的会员数据与有家便利店的会员数据进行了对比，如图 9-3 所示。

	行业标杆	有家便利
会员消费占比	30%	30%
会员客单价	13.5元	14.7元
会员消费频次	5.2次	4.5次

图9-3　行业标杆便利店与有家便利店的会员数据对比

行业标杆便利店的会员消费占所有消费人群的30%，有家便利店也做到了30%；行业标杆便利店的会员客单价是13.5元，有家便利店的会员客单价达到了14.7元，比行业标杆便利店还高；行业标杆便利店的会员消费频次是5.2次，有家便利店的会员消费频次是4.5次，略低于行业标杆便利店。但综合这三个数据可以发现，我们用5年的时间达到了行业的标杆值。

"四部曲"：会员精准营销的逻辑

在一次次的学习、思考和迭代中，我们找到了便利店利用数字化做会员精准营销成功的逻辑和方法，我把它简称为"会员精准营销四部曲"，如图9-4所示。

第九章　张　磊
会员精准营销：提升用户终身价值

图 9-4　有家便利店会员精准营销四部曲

一、圈定人群：根据标签定目标用户

第一步是圈定人群。圈定人群是会员精准营销奏效的基础，更容易让用户"对号入座"。因为我们只能服务小部分人，不可能所有的社会群体都是我们的目标用户，我们的会员应该由一群有共同标签或属性的人构成。弄错了目标用户，我们的营销活动做得再好，也是竹篮打水一场空。

比如年长的老年人群体，就不是连锁便利店的目标用户，他们很少在外购买速食商品，也很难相信收到的营销短信，他们最常去的购物场所是菜市场。如果对这样的老年人群体开展 1.5 元萝卜关东煮免费尝鲜活动，他们肯定不会参与，因为在菜市场 1.5 元能买一整根萝卜。

那么，有家便利店的目标用户是哪些人呢？通过大数据标签，我们发现有家便利店的目标用户集中在 18~41 岁，主要为学生和白领。他们日常学习、工作繁忙，生活节奏较快，没有时间自己烹饪食物，会选择快捷、便利的速食商品。他们的消费特点是注重商品的品质，注重流行而不注重价格。同时，他们乐于接受新鲜事物，乐于尝试新业态。

二、匹配策略：打造针对性营销活动

明确目标用户是18~41岁的学生和白领后，下一步就是匹配策略，为会员提供针对性的营销活动，这一步是会员精准营销奏效的关键。对于这一步，有家便利店有两句贴切的广告词形容："知道吃什么，有家安排！"简而言之，就是对于有消费偏好的会员打造具有针对性的营销活动。比如有的会员喜欢素食，我们就给他推荐萝卜关东煮；有的会员喜欢荤食，我们就给他推荐牛肉包子；有的会员喜欢喝饮料又害怕长胖，我们就给他推荐无糖饮料。

在这个过程中，我们探索出"平台+圈层+潮玩"的营销策略，平台就是有家便利店的950家门店，圈层就是400万会员，潮玩就是一些目标用户可能喜欢的有趣尝新推荐，如跨界联名商品、国潮商品等。将这三者结合起来，既能够提高会员的进店频次，又能够吸引新的目标用户成为会员。

我们曾举办过一个非常成功的营销活动，我们通过大

第九章　张 磊
会员精准营销：提升用户终身价值

数据分析发现很多会员都喜欢一位明星，而这位明星代言了一款自热米饭。根据这些信息，我们邀请了这位明星到有家便利店宣传其代言的自热米饭，并提前将这个消息告诉媒体及喜欢这位明星的会员。活动当天，许多喜欢这位明星的粉丝来到了有家便利店，购买了这位明星代言的自热米饭。

在这个案例中，平台仍然是我们的门店，圈层是喜欢这位明星的粉丝，潮玩就是与这位明星相关的热门话题。通过这个促销活动，我们成功将明星的线上粉丝引流到了线下，成为有家便利店的会员，当天一个门店的营业额达到了14万元。我们还有针对性地发放了一些优惠券给粉丝，他们有很大可能会来重复消费。

针对流失的老会员，我们也有相应的营销策略。他们可能在有家便利店消费过一次后便再也不来了。对于这样的会员，我们举办了满100元减40元的活动，用6折的超大折扣力度将他们拉回来。我们针对100万老会员举办了这个营销活动，带动来客2.5万人，单月带动销售额达到77万元，ROI⊖达到800%，预估全年新增销售额960万元。

我们针对新用户也举办了这个活动，但力度没有老会

⊖ ROI：Returnon Investment，投资回报率。

员那么大，我们给 7 万名新用户发送了相关信息，带动来客 5000 人，单月带动销售额 9 万元，ROI 达到 900%，预估全年新增销售额 400 万元。

还有一些会员，他们并没有明显的消费偏好，他们并不知道自己需要什么，或者是有"选择困难症"。对于这类会员，我们同样没有放弃，有家便利店对这类会员也有一句贴切的广告语："不知道吃什么，有家也可以安排！"虽然他们没有固定的消费偏好，但他们有潜在需求，我们可以给他们品类券，不局限于对某一类商品进行营销。比如他们早上可能会买牛奶，虽然选择的牛奶品牌不定，但我们可以给他们满 20 元减 5 元的冷藏乳品饮料券，所有牛奶任他们挑选，总有一款是他们需要的。

在设计会员针对性营销活动的同时，有家便利店还不断进行商品创新，以满足不同会员的需求。比如创建有家自有品牌，包括 U 星人休闲零食系列、U 时光蜜饯果脯系列、小时光方便速食系列、UBIBUY 高端零食系列、浪体咖啡、U 番薯等；创建有家鲜食五大引擎系列，涵盖盒饭、面包、蒸包、烧烤、关东煮等；创建有家本土特色商品，将区域饮食习惯融入商品创新之中，在南昌卖拌粉，在武汉卖热干面，在长沙卖猪油拌粉，在华南地区卖车仔面等。

有家便利店的会员针对性营销活动涵盖了老会员、新会员、流失会员、无消费偏好会员，充分激发了会员的消费潜力，满足了各种会员的消费需求。

三、多点触达：策划多条信息触达渠道

在会员精准营销时，还有一个必不可少的步骤是多点触达，策划多条信息触达渠道让会员可接收到营销信息。有家便利店的信息传递渠道包括门店面销、微信小程序、微信社群、KOC 软文推广等。

越来越多的用户正在使用信息传递渠道与品牌进行互动并购买。过去实体店的营销依赖面对面的口耳相传，这是最原始且效率最低的信息传递渠道。如今随着各种技术的进步，网络成为更快捷、高效的信息传递渠道，不仅是企业愿意运用这一方式来扩大营销范围，用户也期望通过信息传递或在线聊天与品牌进行双向交互。因此，策划多条信息触达渠道是我们与用户共同的选择。

四、智能优化：复盘后找出可优化空间

在做完前三个步骤后，信息已经精准抵达会员处，我们要做的难道就是静静等待会员上门吗？或是抱怨为什么没有大量会员上门吗？事实上，会员精准营销中还有重要

的一环——智能优化。

智能优化是指通过结果数据复盘整个策略,并找出可优化空间。简单来说,就是我们在信息发送完毕、优惠券发送完毕后,还要思索和分析为什么有的会员没有来到门店消费。

复盘是围棋术语,意为复演该盘棋的记录,用在企业经营上,是指总结过去,为未来创造价值,是一种高效促进企业成长的方法。在会员精准营销奏效的尾声,我们不仅要看到过去的成绩,还要反思过程中出现的问题,一边继往开来,一边推陈出新。

复盘的重点不是出现的结果是什么,而是出现这样的结果是为什么。通过复盘,我们的营销路径变得清晰,结果变得合理,在深度反思后对整个路径的优化能够产生价值、指引未来,这才是复盘的意义所在。因此,复盘不是一件简单的事情,不能想不通就不去想了,这样的复盘不彻底,我们要脚踏实地、彻彻底底地复盘,找到出路。

在最后我想强调一点,有家便利店的会员精准营销系统不是一成不变的,需要持续迭代。2021年,这个系统只有会员基础标签,包括个人信息标签、个人消费标签、个人行为标签;到2022年时,又迭代成会员应用数据标签,增加了价格喜好标签、商品喜好标签、生命周期标签;继续迭代，我希望打造出会员战略标签，成为指导企业会员战略最重要的指标，各个部门与层级建立统一用户语言，如图 9-5 所示。

图 9-5 有家便利店会员精准营销系统迭代规划

业绩增长和利润增长并不是我们打造会员精准营销系统的最终目的，最终目的是满足用户的需求，为用户提供价值。在持续迭代的过程中，我希望有家便利店能够成为会员终身便捷购物顾问，永远为会员提供精准服务，帮助会员解决购物问题，满足会员的购物需求。那么有家便利店的会员年龄上限将不再是 41 岁，而是 60 岁、80 岁……因为会员已经无法离开有家便利店。

这就是对用户终身价值的关注。我们不能再用"一次性"的眼光看待用户，而是应该用动态的眼光看待用户，因为不仅企业有生命周期，用户也有生命周期。通过不断满足用户需求，尽可能地延长用户的生命周期，使他们成为企业的终身用户，是我们的共同目标。

中国便利店未来的空间非常大，业务的延展性不会像日本便利店那样局限，它可能并不只是一个便利店业态，而是基于整个大区域强大的采、配、供体系，去形成一个强大的城市服务业态，这个业态比较综合，当它建立起这种服务能力之后，就具有了强大的竞争优势。在开创有家未来的路上，我们敢于做规模，敢于落地，中间犯了错，敢于弥补。在接下来的一年甚至更长的时间里，每一天我们都要自我更新，与更多新事物融合，这也是有家发展的关键。

第十章

文化治企:
文化开创的"2651"

人类因梦想而伟大,企业因文化而繁荣和基业长青。没有文化指引的企业犹如无源之水,终将因见不到大海而干涸在山野之间。

——四川国际招标有限责任公司董事、总经理

张 帆

"招投标"是招标投标的简称。1980年，国务院颁布的《关于开展和保护社会主义竞争的暂行规定》中提出，"对一些适应承包的生产建设项目和经营项目，可以试行招标投标的办法"，就此揭开了中国招标投标的新篇章。

1999年8月30日，第九届全国人大常委会审议通过了《中华人民共和国招标投标法》，2000年1月1日正式施行，这是我国第一部规范公共采购和招标投标活动的专门法律，标志着我国招标投标制度进入了一个新的发展阶段。2002年6月29日，第九届全国人大常委会审议通过了《中华人民共和国政府采购法》，自2003年1月1日起施行。这部法律的颁布施行，对于规范政府采购行为，提高政府采购资金的使用效益，维护国家利益和社会公共利益，保护政府采购当事人的合法权益，促进廉政建设，有着重要意义。

第十章 张 帆
文化治企：文化开创的"2651"

伴随着《中华人民共和国招标投标法》及《中华人民共和国政府采购法》的实施，2002年，四川国际招标有限责任公司（简称"川招"）成立。图10-1是川招在2011~2020年的业绩增长轨迹，这些数据奠定了川招成为四川行业第一的地位。

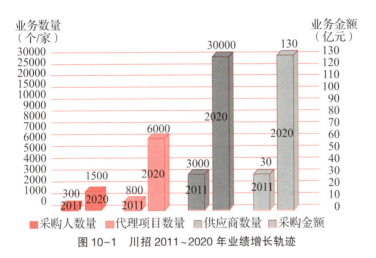

图10-1 川招2011~2020年业绩增长轨迹

在过去的20年里，除了以上所展示的成绩外，川招还获得了众多荣誉，在这些荣誉中，使我最骄傲的是中国招标投标协会颁发的"招标采购文化研究与实践基地"，这是行业首创，也是全国唯一。

川招从创立到现在，总共经历了三次转型，每一次都十分痛苦，但每一次转型都为企业的长远发展奠定了基础。

开创:
企业创新谋变的 10 个法则

2002~2007年,是川招从0到1的摸索阶段。川招成立之初,与大部分企业一样,前5年处于企业生存期。在这一阶段,我们想得更多的是如何让企业活下来。在当时的招投标行业,企业大多依靠资质存活。虽说资质并不是万能的,但是没有资质却是万万不能,因为资质就是企业投标的门槛,大多数招标项目都要求企业具有:营业执照、质量认证、银行证明、政府颁发的证书、财务银行证明等。如果基本的资质都不具备,那么企业就只能止步于招标项目的门前了。更现实的是,对于招投标企业来说,资质就是"金字招牌"。虽然主管部门不断发文要求淡化或取消一些资质,但是高等级资质的企业,不仅受到市场的青睐,还会获得地方政府的喜爱,一些地方政府鼓励本地企业升级资质,不惜用重金吸引外地的特级、一级企业迁入本地区的举动就是最好的证明。资质等级高,最重要的好处自然是开拓市场。在招投标领域,资质等级高的企业具有先天优势,更容易中标,而且承接的工程范围也更宽,投标人员可以选择更有潜在优势的项目。2004年9月,我进入川招公司担任总经理,当时的川招正处于艰难期,企业只有一个"国际招标资质"和政府采购代理业务,由于2003年才施行《中华人民共和国政府采购法》,我们没有任何可以借鉴、参考的做法,所有的模式、方法

第十章 张 帆
文化治企：文化开创的"2651"

都要靠自己从零开始摸索。从 2004 年开始，我们一直在黑暗中摸索前行，遇到问题解决问题，直到 2007 年，在经历了 4 年的发展后，川招才看到了一点"曙光"。

2007～2010 年，是川招高速发展的阶段。在此阶段，我们进行了专业化的转型，将专业作为核心执业要求，形成了以项目经理、团队、数据库三维相互依托的专业化服务体系——ISO 一体化管理体系，包括各类"程序文件""作业指导书""管理制度"等合计 180 份文件，从法务专职、多级审核等方面，最大限度地保证项目高效安全运转。依靠专业发展，川招在这 3 年里的业绩增长了 10 倍。

2010 年至今，是川招的文化转型期。和大多数企业一样，川招过去 8 年的发展不是一帆风顺的，有过岌岌可危艰难求生，也有过 3 年 10 倍高速发展，但在高速发展的时候企业却出问题了。当时的川招遭遇了两大发展困境。

一是**人才流失**。让我感触颇深的是我曾带着企业的一位骨干员工拜访一批 VIP 用户，前一天晚上，我耐心地向他讲解如何维护用户，期待他有更好的表现。让我感到意外的是，第二天早上，他向我提出要离职。我询问他离职的原因，他没有正面回答。两周后，我在川招所在的办公楼里遇见了他，他已经自己成立了一家公司。这样的事愈演愈烈，企业的骨干员工连着好几年都在流失，更糟的是，大多数离职出去单干的人才"另立山头"后成为我们的竞争对手。再加上知识经济时代的到来，企业竞争的焦点也随着企业战略性资源的转移而转移，即从资金、产品等物化资源的竞争，转为智力资源——人才的竞争。在人才竞争中，人才流失已成为影响企业生存和发展的大问题。

二是**法律风险加剧**。从2009年开始，招投标企业开始不断出现"暴雷"现象，不断有企业触碰法律红线，比如暗箱操作、串通投标，使招标投标制度流于形式；签"白黑合同"，用"白合同"备案，"黑合同"履行；工程层层转包，违法分包；出借资质、借用资质，双方坐收渔利等。在这样的背景下，川招面临的法律风险进一步加大，我们必须严格按照法律法规把控每一个环节，否则一不小心，我们就会触碰法律的红线，让企业身陷囹圄。

当川投面临着人才流失的发展挑战和法律风险加剧的压力时，我们不禁深刻反思：企业的问题出在哪里？我们该如何带领企业走出发展困境，开创未来？

在反省与思考中，我们透过现象找到了本质——企业前6年是依靠专业化转型实现的高速发展，它是川招的

第十章 张 帆
文化治企：文化开创的"2651"

"硬实力"。俗话说"一年企业靠运气，十年企业靠经营，百年企业靠文化"，如今，川招到了依靠文化开创企业未来的时候了。企业文化是企业竞争的软实力，看不见、摸不着，却承载着企业的能量。**人类因梦想而伟大，企业因文化而繁荣和基业长青**。没有文化指引的企业犹如无源之水，终将因见不到大海而干涸在山野之间。在招投标行业，我们更需要一种正信、正念、正能量的文化，更需要修炼一颗安定的内心。作为企业经营者，我们有责任打造这样的企业文化。毫不夸张地说，谁拥有独特鲜明的企业文化，谁就铸就了坚不可摧、固若金汤的竞争堡垒。

2011年春天，在万物复苏的季节里，川招正式启动了企业文化的建设之旅。我们的高管团队就"企业文化建设"进行了多次头脑风暴，并在企业内部开展了一系列的企业文化活动。2011年的夏天，经过几轮针对企业文化的讨论和提炼（见图10-2），我们确定了川招的企业文化。

愿景：让我们一起创造美好生活，这里的"美好生活"是指让所有人能享受生活、享受健康、享受工作、享受成功、享受尊重、享受友情、享受亲情、享受爱情、享受爱与被爱；

使命：帮助拟投资的政府和企业成功，帮助商家成长，打造共赢平台；

图 10-2　2011 年川招的企业文化提炼会

核心价值观：以德为本，从我做起；

五大根本理念：诚信为本、服务至上、追求卓越、乐观豁达、团队精神；

行为准则：认真、快、坚守承诺；

"生命之花"：健康、关系、家庭、事业、财富。

我们还提炼出川招人特有的文化气质——"专业、温暖、文艺范"。因此，我们把这一天定为川招的"企业文化守护日"。

每一次转型都是美丽而痛苦的。当川招决定以文治企、以文兴企，大力推行企业文化时，对全体员工而言都是一次深刻的挑战。我们在刚推行文化制度、流程、目标与考核时，员工不理解为什么要这样做，认为是企业在故意为难自己，抱怨声四起。不管遇到什么样的困难，都无法阻

第十章 张 帆
文化治企：文化开创的"2651"

挡我们的文化治企之路。我们一方面在文化革新方面做出升级调整，一方面带领全体员工深入理解企业文化的核心价值观，改变心智模式，统一思想与行为。

2011~2022年，经过11年的沉淀、酝酿，川招顺应国家发展的大势，萃取中华优秀传统文化的精髓，结合企业特有基因，将企业责任定位于生命赋能，通过"塑人－塑企－生命影响生命，美好吸引美好"的文化治企战略，逐步形成"成人达己"的运营模型，形成了具有中国特色和社会价值的川招文化管理体系。这套文化管理体系，我们把它称为"2651"。

依靠"2651"文化管理体系，川招在11年的时间里，不仅提升了企业"软实力"，打造了一支以德为本的正能量组织，还使整个企业的经营发展和谐稳定。2020年，川招实现了130亿元的销售额。

下面，我为大家详细介绍川招的"2651"文化管理体系，希望对企业有所启迪，特别是对招投标企业。运用之妙，存乎一心。

"2"：两棵树两种心态

川招"2651"文化管理体系的"2"是指员工的两种

心态，分别是消极心态和积极心态。

刚开始进行文化建设时，我们认为企业文化应该简单化，如果太复杂，大家接受、达成共识有难度。于是，我们遵循大道至简的原则，对企业文化进行简单化处理。

什么是真正的文化？文化就是化小人之心为君子之心，化人心见天心，把多疑心、虚荣心、嫉妒心、自私自利心、贪心化为以天下为公的心。简单来说，文化解决的是人心的问题。文化就是人心的建设，人心好了，文化也就好了。企业员工的工作态度和为人处世都渗透着企业文化。因此，要想建设好企业文化，要从员工的"心"上下功夫。

随着生活节奏加快，价值竞争日渐激烈，再加上来自家庭与社会的压力，部分员工对工作提不起热情和兴趣，产生诸多消极心态，从而导致工作效率下降。如果企业能帮助员工建立积极心态，不论是对工作，还是对生活，都饱含热情，那么企业和员工都将获益。

好的心态是做好事情的基础。基于此，我们在企业内部塑造积极的企业文化，解决员工的消极心态。具体如何做呢？

我们用到了两棵树，一棵树是"消极心态树"，一棵树是"积极心态树"。"消极心态树"可以帮助员工宣泄负面情绪，自省不足；"积极心态树"则用于培养员工温暖健

第十章 张 帆
文化治企：文化开创的"2651"

康、积极向上的心态。

在"消极心态树"上，我们根据与员工的沟通提炼了 22 种消极心态，比如缺乏明确目标、害怕失败、害怕被拒绝、埋怨与推卸责任、爱找借口、工作冷漠、浪费时间、做事马虎、悲观失望、消极想象等，种下的"消极心态树"将会滋生 22 种消极的苦果。在"积极心态树"上，我们同样提炼了 34 种积极心态，比如责任感、目标感、集体心、进取心、慎独、宽容、真诚、团结等。种下"积极心态树"，能收获 34 种积极的硕果。

如何帮助员工种下"积极心态树"呢？

我们有四大要诀：一是帮助员工确定目标，弄清楚自己到底要达成什么样的结果；二是帮助员工选定能帮助达成目标的信念，信念是因，态度是果；三是帮助员工调整好自身注意力的焦点，遇事积极思考，将注意力的焦点完全集中在自己要的结果上；四是模仿成功者的态度，与成功者交朋友，系统性地学习成功者的态度、习惯、策略等。

我们通过这些方法及一些培训活动，在企业内部倡导积极心态的文化。当然，完成这些举措以后，我们的工作并没有结束，在后续的工作生活中也应时刻关注员工的心态变化。我们首先要看员工是否因培训发生了心态上的变化，其次要看他们是发生了好的变化还是坏的变化，判断是否需要加强培训，或对培训计划进行调整等。另外，在日常工作中，企业经营者及管理者要以身作则，率先垂范，塑造良好的心态与良好的工作氛围，并展现给员工，将"积极心态树"种到每个员工的心里，让他们时刻保持良好的心态。

"6"："六度六省"

川招"2651"文化管理体系的"6"是指"六度六省"。

川招的核心价值是"以德为本，从我做起"，这一核心价值观是从《道德经》中体悟而来。在建设企业文化时，我们一直在思考什么样的文化可以让人平静下来。在思考过程中，我们读到了佛教文化里的"六度"，通过阅读、体悟、实践，我们发现"六度"可以让人平静下来，于是我们把"六度"应用到川招文化中，并解读了"六省"的要点。

"六度"里的每一度都蕴含着深刻的哲理，对我们的生活和工作都有极大的指导意义，哪怕只精通其中一度，都会受益无穷。当企业把佛教思想中的"六度"应用到企业

第十章　张　帆
文化治企：文化开创的"2651"

文化中时，需要对"六度"进行新的演绎，我们可以用管理学的理念对这六个部分的内涵重新进行定义。

"六度"中的"布施"在川招意味着企业的奉献精神与助人之心，对应着"六省"中的"悭吝"。在川招的工作环境里，"布施"是在提醒我们时刻坚守自己的利他之心，践行利他之行。物质与金钱固然是我们生存的基础，但如果一个人工作的全部动力仅限于此，便会受工作奴役。稻盛和夫先生曾提出人类生活的意义在于提高自身修养与帮助他人。因此，我们应抱着为他人、为企业做贡献的心面对工作。员工只有树立了这样的工作观，懂得反省自身"悭吝"的劣性，达成一颗"布施"之心，才能得到升华，成就自己。

川招 20 年来持续以公益行动积极回馈社会，从 2008 年参与抗震救灾到 2015 年发起"美好生活"公募基金，再到 2020 年抗击新冠疫情，我们以整合行业全链条资源，吸引社会组织与个人参与"行走的文化公益""梦想图书室"等公益项目活动，在"授人以鱼不如授人以渔"的帮扶理念下，帮助贫困地区的孩子"建立通往美好人生的路径"，至今已捐建 25 间"梦想图书室"，捐赠近 30 万册川招原创双语字帖《弟子规》，受益学校近 200 所，捐资捐物逾 500 万元。

"六度"中的"持戒"是为警醒员工严格遵守企业的各种规章制度,对应着"六省"中的"放任"。"持戒"除了向员工强调"没有规矩不成方圆"外,还倡导员工守住本心,在待人接物时发善心,行善举,语善言,为工作乃至个人生活创造友善、和谐的环境。当这一点成为企业文化的重要部分时,这种氛围将会影响到每一个人,友善又和谐的团队自然应运而生。

"六度"中的"忍辱"是在鼓励员工勇敢面对逆境,正确看待成败得失,对应"六省"中的"怨怒",即提醒我们时时反省自己是否心中有嗔怒。我们不应该过分仇视、抗拒那些逆境与苦难,许多人认为我们应该感激曾经的逆境与苦难,因为它们教会了我们成长。真正的忍辱是不卑不亢地面对一切,从中感悟自己的不足并努力成为更优秀的自己,一时的怨怒除了让我们暂时发泄负面情绪外,并不能替我们挡住后面的苦难,但忍辱后的成长可以。

有日本"经营之神"之称的松下幸之助曾围观一位农夫洗甘薯,在浮浮沉沉的甘薯面前,他感悟出了人生至理:人生不也正像桶中的甘薯一般,浮浮沉沉、忽有轮替,既不会永远春风得意,又不会永远穷困潦倒。而这种颠簸反复,正是对我们每一个人的磨炼,只有经历过足够多的沉浮,最终才能成为光鲜亮丽的自己。

第十章　张　帆
文化治企：文化开创的"2651"

"六度"中的"精进"是需要让员工明白，人生的成就来源于不断奋斗与积极进取，对应着"六省"中的"怠惰"。稻盛和夫先生认为，"精进"是我们提高自身心智与个人能力最根本、最重要的途径，同时，这也是我们最容易实践的途径。他多次提到员工必须"极其认真"地过好每一天，不能浪费人一生仅此一次的生活机会。我们要将员工从怠惰的情绪中叫醒，让他们意识到精进之于每一位普通人而言的伟大意义，这样才能真正帮助员工收获事业上的成就。

"六度"中的"禅定"对应着"六省"中的"散乱"，是在教育员工人生须知足，让他们明白拥有平常心与清醒头脑的重要性，学会反省自己是否过于散乱。"禅定"运用在企业中，是指让员工做到一心一意，无论是工作还是生活，甚至是在睡觉这件事上，都能摒除不相关的"散乱"思绪，一心一意地投入，只有这样，我们的内心才能足够和谐统一，我们才有专注的精力进行创造，才能领悟更多。

"六度"中的"智慧"对应着"六省"中的"愚痴"，这并不是指简单的聪明之意，它着重强调的是用哲学的眼光看待世间万事万物。这是员工成就自我的最终境界。真正的成功，一定伴随着虚怀若谷、淡泊名利，不计较那些细微的得失，因为我们已经拥有了更开阔的视野，懂得站在全局的角度看待问题、思考问题、处理问题，懂得什么是真正的"舍"，什么是真正的"得"。若员工仍然在"拿起"与"放下"之间犹豫不决，那么他应该认真反省自己是否还保留着"愚痴"的认知。

"布施"能使员工保持利他的奉献精神；"持戒"能使员工建立良善的品质；"忍辱"能使员工拥有毅力；"精进"能增强员工的力量；"禅定"能使员工得到开悟；"智慧"能使员工在每一个当下都能成为心灵的主人，获得放下、自在的智慧。川招通过运用"六度"全方位地开发了员工的心灵潜力，让每一位川招人拥有善良、稳定、坚强、清醒、随和、自在等一系列的美好品质，最终在工作中实现员工的崇高理想以及企业经营的双成就。

引导员工修习"六度"，规避"六省"中的劣性，是企业员工成功的捷径，也是实现中国式管理的一个很重要的组成部分。

"5"："生命五瓣花"

川招"2651"文化管理体系中的"5"是指"五片花瓣"，分别是健康、关系、家庭、事业与财富。

第十章　张　帆
文化治企：文化开创的"2651"

这"五片花瓣"在川招内部被称为"生命之花"。我们认为，一个人想要拥有丰盈的一生，就要使"五片花瓣"绽放，并且让它绽放得足够灿烂。我们想要用"五片花瓣"为员工打开美好生活的大门。

第一片"花瓣"是健康。健康是一切之本。从员工的成长的角度来看，员工的成长离不开员工身心的健康，被健康问题困扰的员工不仅其幸福感会被影响，还无法全身心投入工作中；从企业发展的角度来说，川招的使命是"帮助拟投资的政府和企业成功，帮助商家成长，打造共赢平台"，要实现这一使命，离不开每个员工的身心健康。同时，企业的发展离不开高层管理者和优秀员工的加盟，在健康日益成为人们追求的重要目标之一的当下，企业的这项福利措施无疑会吸引和留住更多既渴求事业成功又重视自身健康的优秀人才，这必将成为企业参与市场竞争的利器之一。

为了员工的健康，川招成立了篮球队、足球队、羽毛球队等，吸引员工参加各类文体活动，从而达到锻炼身体的作用。同时，我们还积极在企业内部倡导健康的生活方式，指导员工调理自己的身体。

企业关注员工的健康，会让员工感受到团队的善意和温暖，员工也会尽心尽力地工作。事实上，川招为员工的健康着想，也是间接降低自己的风险。员工健康了，企业才能更"健康"，才能有更好的发展前景。**人是社会关系的产物，只有在健康的基石上，才会与周边的人、事、物产生美好的关系和联系。**

第二片"花瓣"是关系。经营企业，从某种意义上来说，就是经营好各种关系。企业的利益相关者包括股东、员工、用户、社区、竞争者、供应商、政府以及其他社会利益团体等。其中，企业对员工的社会责任尤为重要。因为员工直接参与企业的产品生产和提供服务的过程，企业与员工的关系如何，直接影响着企业的生存和发展。企业应保障员工的权益，还应改善企业与员工之间的劳动关系，构建和谐的劳动关系。

除此之外，川招一直以"共生"为前提，即"人与人共生""人与社会共生""人与自然共生"，妥善经营各种关系，善待股东、善待员工、善待用户、善待环境和资源、善待合作伙伴（供应商）、善待整个社会。在内部管理中，川招坚持内圣外王，建设员工之家，营造和谐的劳动氛围；在行业竞争中，川招坚持不争而争，以不打价格战的原则维护市场的和谐与稳定；在企业经营中，川招以用户为中心，注重与用户构建和谐、相互信赖的关系；在社会建设中，川招主动承担责任，实现企业与社区之间的

第十章 张 帆
文化治企：文化开创的"2651"

和谐共进。

第三片"花瓣"是家庭。家是社会的"基本细胞"，是社会上最有影响力的个体单元。中国人自古就非常重视家庭的建设，不仅倡导家庭和睦、夫妻恩爱等传统美德，也非常重视家庭成员的健康和幸福感。家庭和谐是社会和谐的基础，孔子说，一个人如果能做到"孝""悌"的话，他便不会做出犯上的事，更不会在社会上作乱，意思是说能做到"孝""悌"的人，能促使社会和谐，决不会成为社会上的不安定因素。

我曾看见一家企业的文化透露出"顾事业不顾家"的理念，这家企业把员工的家庭与事业看作对立面，完全违背了人性。事业和家庭原本就不是矛盾的对立体，而是统一体。员工发展事业，是为了让家庭生活更好、家庭关系更和谐。鼓励员工为家庭和谐、家庭幸福奋斗，也更能激发员工的爱企激情。让员工把事业与家庭对立起来，这样的企业文化，如何能留住人才？

川招通过宣传家庭幸福和谐的活动、培训、阅读等方式，让员工明白家庭和谐的重要性。在这些活动中，员工会分享各自维系家庭和谐幸福的经验，比如家庭矛盾化解方法等。通过这些经验的分享，让川招人明白家庭和谐的可贵。

第四片"花瓣"是事业。企业在发展的进程中,不能忽视员工的舞台。什么是员工的舞台?即员工的事业,员工证明自己、展示自己的机会。企业对于员工的意义就是为员工提供舞台,满足他们在薪资、情感、发展及事业这四个方面的需求,如果员工的需求得不到满足,离开是必然的。这时,身为企业经营者的我们就应该反省企业的机制是否出现了问题。试想,如果一个人早上踌躇满志地来工作,8小时后,却带着失落、沮丧的感觉回家,这种感觉会对他与家人、朋友的相处产生怎样的消极影响呢?如果他带着愉悦的感觉回到家,对他与家人、朋友的相处又会产生怎样的积极影响呢?所以,企业要给予员工在事业上获得成长的成就感。

川招以"员工至上"的理念打造企业与员工的共同体,以"基于利益共同体、事业共同体基础上的命运共同体"理念来构建和谐劳动关系。我们从录用员工的那一刻起,就要把他当作共同经营的伙伴,并对他说:"我就依靠你了!"而且平时也要用这种诚恳的态度对待他们。我们不仅要在制度体系中搭建员工成长平台,更要通过物质奖励、认可表彰和提供职业发展机会为员工营造自我实现、自我超越的环境。在这样的氛围下,"我是一名专业、温暖、有文艺范的奋斗者"成为川招人的流行语。

第十章 张 帆
文化治企：文化开创的"2651"

管理不是控制，真正好的管理是释放人性中的善意。川招通过营造让员工获得事业发展的环境，激发和释放人的潜能，在创造价值的同时，为他人谋福祉。员工在川招能同时获得身体健康、关系和谐、家庭幸福、事业成就，这样的企业难道不是员工心之所向的吗？

第五片"花瓣"是财富。 大部分的员工工作都是为了养家糊口，因此薪酬成了这些员工衡量一个岗位合适与否的重要标准。所以企业要给予员工合理的薪酬，让员工在企业获得对等的回报。

我们在建设企业文化时意识到，如果薪酬问题是员工注意力的焦点，并且成了员工评判企业的单一标准，那么薪酬上的任何微小起伏都会影响他们的情绪与心态。员工如果因此降低了工作积极性还算小问题，如果因此与企业离心离德，则是难以补救的严重后果。

在这种情况下，川招除了给予员工合理、公平的薪酬外，我们更多的是通过引导的方式，使员工敢想、敢说、敢做，敢于创新，乐于创新。同时，我们在企业内部倡导员工正确认识财富，能与财富和谐相处。

员工把人生中最宝贵的时光几乎都献给了工作，所以企业有责任创造一个生气勃勃的工作氛围，激发员工的智慧，让员工从工作中感受到生命的意义与幸福。这就是川招"生命五瓣花"的逻辑，从修炼个人的健康、关系、家庭、事业、财富着手，与《礼记·大学》提到的"修身、齐家、治国、平天下"有异曲同工之妙。

当每个川招人的"生命五瓣花"都得到了绽放，川招就是一片美丽的"花海"。遵循"吸引力法则"，**生命影响生命，美好吸引美好**，有了美丽的"花海"，就会吸引更多、更优秀的人才、用户等，最后自然能呈现美好的结果。

"1"："一颗种子"

川招"2651"文化管理体系前面的"2""6""5"是从个体的内修于心到外化于行。表面看起来，文化建设已经到达一个高点了，但艺无止境，文化建设也是如此，从无到有，又从有到无，螺旋上升，循环往复。

到这个阶段，我们开启了文化管理体系的"1"。"1"是指"一颗种子"，这颗"种子"是文化的"种子"。2021年，川招开启了"种子计划"，如图10-3所示，结合企业内部学习平台，开展"百人百日"漏斗筛选，朝着"千帆竞发"目标，期望实现从1到无穷的蜕变。

第十章 张 帆
文化治企：文化开创的"2651"

图 10-3 川招的"种子计划"

企业文化建设有一定的逻辑。企业文化建设过程也是一个对企业文化的选择、共识与实践的具体落地过程。当我们完成了一次企业文化建设之后，企业又可沿着螺旋式上升的轨迹，进入全新一轮企业文化建设的循环过程之中。川招的"种子计划"，就像一个飞轮，循环往复，生生不息，推动川招开创美好的未来。

"10年、20年后，川招拿什么参与市场竞争？"——这是我们现在正在思考的问题。在不确定的时代，企业发展不进则退，我们需要在全局上谋势、关键处落子的"妙手"，才能让企业实现可持续发展。

关键的问题如何解决呢？

我们总结出"人有我优、人优我创、人无我有"的"种子计划"。"人有我优"解决的是品质问题；而"人优我创"解决的是创新问题;"人无我有"解决的则是差异化问题。企业的本质是为用户提供有价值的产品和服务。如果我们的产品没有品质,那么提供给用户的产品就是没有价值的,这个企业则必然不会长存;如果别人提供的产品总比我们好,那么我们的产品必定会被淘汰。

以近10年的项目服务为例,无论项目的规模性需求、时间紧迫性需求和创新需求如何变化,川招都能一一满足并高质量完成。例如,某中小学装备提升工程项目需进行大规模样品评审,川招按标准组建项目团队,连夜安排样品接收、值守,引导评标委员在5000平方米的摆放现场有序开展评审;某大型医院医疗设备采购项目时间紧急,川招一次性组织开展近百个项目开标与评审;某教育投资公司对制度研究与政策深度落实有需求,川招组成专项咨询工作小组,为其提供专业的咨询与培训服务……

我们也注重素质教育与技能培养。20年来,川招获选"行业先锋、十佳项目经理"十多人,现有5年以上行业经验的项目经理近百人,服务案例专业逾百种;拥有10年以上行业经验的优秀讲师30人,向行业上下游用户提供专业

第十章 张 帆
文化治企：文化开创的"2651"

培训和文化交流相关活动已逾 500 场。作为四川地区的龙头企业和行业先锋，我们多次作为业内代表参与省市政府采购相关制度的咨询论证工作，为行业建章立制贡献智慧。在"放管服"改革背景下，川招还积极响应优化营商环境建设，助力市场主体发展。

通过持续不断地开创企业文化，我们成就了一群温暖、感恩、利他的川招人。对内，员工心定了，能力提升了，无数的人才闻名而来；对外，吸引了越来越多的用户，更多的人喜欢并选择我们。10 年前，我们在四川只有 150 家同行；10 年后，我们已经有 3000 家同行，但川招一如既往是行业第一。如今我们的业务正在向全国辐射，陆续在陕西、海南、重庆、贵州等地开办十余家分支机构，将四川企业的德本文化、安全卓越的服务理念、专业管控体系与经验等传向全国业界。

古人讲，"万物有所生，而独知守其根"。万物纷杂繁多，无论如何变化，都要返归其根源、依照其根本、守住其根基。企业文化就是川招的"根"，它已经融入川招人的血液之中，成为我们生命的一部分。未来，我们还会继续进行文化建设，推陈出新、守正创新，不断推动中华优秀传统文化创造性转化、创新性发展，以文化激活企业的生命力。

古时的剑客有三种境界:第一种是手中有剑,心中无剑,练的是招式;第二种是手中有剑,心中有剑,练的是人剑合一;第三种是最高境界,即手中无剑,心中有剑。企业文化就是每一位企业经营者心中的那把"开创之剑"。